세상에서 가장 소중한

당신을 축복합니다

ⓒ 주학선, 2017

초판 1쇄 발행 2017년 6월 1일

지은이   주학선
펴낸이   주학선
편집   좋은땅 편집팀
펴낸곳   리터지하우스
출판등록   제2011-000082호
주소   인천광역시 부평구 경인로 996번지
전화   032)528-1882

ISBN   978-89-969743-2-1 (93230)

• 가격은 뒤표지에 있습니다.
• 이 책은 저작권법에 의하여 보호를 받는 저작물이므로 무단 전재와 복제를 금합니다.
• 파본은 구입하신 서점에서 교환해 드립니다.

거 룩 한   순 례 길

침묵된
행복

새가족반

주학선 지음

리터지하우스

목차

환영합니다!

　꿈과 사랑과 행복이 넘치는 동수교회의 가족이 되신 당신을 진심으로 환영합니다. 세상에서 하나밖에 없는 소중한 당신을 만나게 해주신 하나님께 감사드립니다. 동수교회의 가족이 되어 그리스도 안에서 참된 행복의 삶을 시작하신 당신을 축복합니다.

　만남은 언제나 가슴 설레는 일입니다. 만남은 마음과 마음을 이어주고, 새로운 세계를 열어주기 때문입니다. 인생에는 많은 만남이 있습니다. 부모와 자녀의 만남, 스승과 제자의 만남, 부부의 만남, 형제자매의 만남, 친구의 만남. 그런데 이 모든 만남에서 가장 소중한 만남이 있습니다. 그것은 바로 하나님과의 만남, 그리고 믿음의 공동체인 교회와의 만남입니다. 하나님과의 만남은 우리의 인생에 의미와 목적과 가치를 줍니다. 하나님과의 만남은 곧 예수 그리스도님을 통하여 베풀어주신 하나님의 은혜와 사랑을 발견하고 누리는 것입니다. 믿음과 사랑의 공동체인 교회와의 만남은 우리에게 엄마 품에 안긴 아기와 같은 평화와 성장의 기쁨을 줍니다.

「참된 행복」은 바로 당신을 위한 거룩한 초대입니다. 인생의 의미와 가치를 찾아가는 거룩한 순례의 여정이 이곳에서 시작됩니다. 하나님께서 당신을 동수교회로 보내주신 놀라운 뜻과 계획이 있음을 믿기에, 동수교회에서 참된 행복이 넘치는 삶을 가꾸며, 향기로운 열매를 풍성하게 맺는 복된 인생이 되기를 기대하며 축복합니다.

동수교회 담임목사 주학선

동수교회를 소개합니다.

동수교회는 전통적이며 복음적인 기독교 교파인 '기독교대한감리회'에 속한 교회입니다. 동수교회는 1972년 1월 2일(주일) 하나님께서 22명의 성도들을 부르시어 당시 인천시 부평구 동수동 소재 (고)조경석 장로님 댁에서 첫 예배를 드림으로 탄생되었습니다. 동수동이라는 지역의 이름을 따라서 자연스럽게 동수교회(東樹敎會)라는 이름을 가지게 되었습니다. 이후 이 지역은 행정 개편으로 부평6동이 되었습니다. 동수교회는 탄생 이후 많은 사람들을 구원의 길 곧 참된 복의 길로 인도하며, 지역과 사회를 섬기고 품어 희망을 주는 교회로 자라왔습니다.

동수교회는 언제나 웃음이 넘치는 교회입니다. 그리스도의 사랑과 은혜로 하나가 된 성도들이 한 가족이 되어 사랑의 삶을 함께 나누는 교회입니다. 동수교회는 생명력이 넘치는 꿈과 희망의 교회입니다. 동수교회는 다음 세대가 꿈을 이루는 교회입니다. 미러클센터는 다음 세대를 세우고 지역을 섬기기 위해 세워진 동수교회의 사역의 요람입니다. 자녀 교육을 위한 시설, 문화와 만남을 위한 시설, 스포츠와 교제를 위한 체육관, 인생을 변화시키는 '꿈땅도서관', 예배는 물론 다양한 프로그램이 진행되는 '비전홀'과 향긋한 커피 향이 그윽한 '행복한기다림카페'가 있습니다. 동수교회는 어린 자녀들과 청소년과 젊은 세대가 꿈을 꾸고 이루어가는 복의 세대가 되도록 정성을 다하고 있습니다. 뿐만 아니라 청장년은 물론 인생의 후반을 살아가는 장년과 노년 세대의 인생 순례에 동행함으로 모든 세대가 행복한 교회이기도 합니다. 한 마디로 동수교회는 '요람에서 천국까지' 모든 성도들이 참된 행복의 순례길을 함께 걷는 교회입니다.

동수교회는 성령님의 기름 부으심이 넘치는 은혜로운 예배로 소문난 교회입니다. 동수교회의 예배는 거룩한 하나님의 임재하심과 감동의 말씀, 그리고 생명의 성찬으로 지치고 메마른 영혼을 은혜의 단비로 적셔줍니다. 몸과 마음과 영혼이 더욱 강건하여지는 예배를 통해 언제나 소망의 삶을 향해 나아갈 용기를 얻으며 진정한 승리의 삶을 살아갑니다.

동수교회는 성숙한 믿음으로 살고자 하는 성도들의 열정이 열매를 맺도록 양육과 훈련의 기회를 제공하고 있습니다. 우리 교회의 모든 양육과 훈련 과정은 누구든지 거룩한 주님의 용사가 되어 가정과 학교와 직장과 세상 한 가운데서 빛과 소금으로 살아갈 수 있도록 이끌어줍니다. 영적 성장의 일반적인 과정 몇 가지만 보면 '동수알파코스', '믿음의 삶', '기도의 삶', '변화의 삶', '예배의 삶', '하나님을 경험하는 삶' 등이 있습니다. 또한 지혜로운 어머니로 세워주는 '마더와이즈', 행복한 결혼을 위한 '결혼예비학교' 및 '부부행복학교', 그리고 감리교회의 은혜로운 영성훈련인 '엠마오가는길'을 통하여 예수님을 닮아 세상의 빛과 소금의 복된 삶을 살아가도록 돕고 있습니다. 또한 탁월한 사역자로 세우는 '중보기도자학교' '전도자학교' '새가족섬김이학교' 등을 통해 은사를 따라 섬기고 헌신하는 성도들이 넘치는 교회입니다.

우리 교회는 지역 사회를 위한 봉사와 돌봄의 사역을 드러내지 않으면서 지속적으로 진행하고 있습니다. 우리 교회는 모든 자리에서 장애인들을 진정으로 사랑하고 친구가 되어주는 교회입니다. 우리 교회의 봉사활동으로는 해피하우스, 예손사역, 반찬봉사, 연탄봉사, 원하트 등 다양한 사역이 진행되고 있습니다. 또한 작은 교회들을 돕고, 해외 선교 후원과 참여 활동을 통해 복음의 소망과 기쁨으로 널심히 널망을 품고 있습니다. 또한 우리 교회는 삶을 통한 관계 전도와 다양한 전도대 활동으로 주님을 알지 못하는 영혼을 구원하기 위한 전도에 헌신하는 교회입니다.

　동수교회의 새 가족이 되신 소중한 당신, 하나님의 사랑 안에서 꿈과 소망과 기쁨이 넘치는 참된 행복의 길에서 믿음의 순례의 길동무가 되기를 기대하며 사랑하고 축복합니다! 샬롬!

제1과

복된 삶의 출발 – 하나님

　어느 날 한 사람이 이렇게 기도했습니다. "하나님, 미래를 볼 수 있는 능력을 주십시오." 그러자 하나님께서 "그래, 무엇을 알기 원하느냐, 네 소원을 들어주마."라고 말씀하시는 것이 아니겠어요? 그 사람은 얼른 대답했습니다. "하나님 감사합니다. 제가 알고 싶은 것은 지금부터 5년 후의 주식 시세입니다." 그러자 보고 있던 컴퓨터 화면에 5년 후의 주가를 알려주는 표가 보였습니다. 찬찬히 살펴보니 굉장했습니다. 얼마 전에 상장된 주식이 5년 새에 수십 배가 넘게 뛴 것이 있는가 하면, 지금은 탄탄하다고 믿는 회사의 주식이 그만 경영부실로 완전히 바닥을 치고 있는 것도 보였습니다. 이 사람은 회심의 미소를 지으면서 계속 컴퓨터 화면을 넘기다가 깜짝 놀라고 말았습니다. 화면에 알림 소리가 울리며 친구들의 카톡방에 문자가 뜨는데 가만 보니 자기 자신의 사망과 장례식장을 알리는 장례

소식이었습니다.

만약 당신도 이 사람처럼 몇 년 후에 있을 자신의 사망 기사를 본다면 어떨까요? 지금까지 소중하게 생각했던 것, 많은 시간을 투자하고 공을 들여왔던 것, 지금까지 그렇게 아꼈던 것 이 모든 것들이 한순간 무의미해지지 않을까요? 또한 지금까지는 별로 중요하게 여기지 않았거나, 중요하다고 생각은 했지만 언제나 뒤로 미루었던 일들이 훨씬 더 소중하게 느껴지고, 평소에는 별 의미 없이 여겨졌던 일상의 평범한 일들이 귀하게 여겨지지 않을까요?

우리는 아무도 내일 일을 알지 못합니다. 그것이 인생입니다. 성경은 말씀합니다. "여러분은 내일 일을 알지 못합니다. 여러분의 생명이 무엇입니까? 여러분은 잠깐 나타났다가 사라져버리는 안개에 지나지 않습니다."(야고보서 4:14)

그렇습니다. 우리는 내일을 알지 못합니다. 그래서 인생은 모험이며, 항해입니다. 모든 항해에는 목적지가 있습니다. 그리고 그 목적지를 향해 나아가기 위해서 가장 중요한 것은 현재의 위치를 알게 해주는 기준점입니다. 인생의 항해에도 목적이 있습니다. 그리고 자신이 누구인지를 아는 것은 이 항해에서 매우 중요합니다. 그러나 많은 사람들은 자기가 누구인지, 인생의 목적이 무엇인지 진지하게 묻고 고민하지 않은 채 그냥 열심히 살기만 합니다. 어떤 사람들은 나름대로 자신의 인생의 목적을 가지고 있습니다. 그러나 과연 그 목적이 진정한 목적인지 아닌지는 묻지도 않은 채 살아갑니다.

이 세상에 존재하는 모든 것에는 존재의 이유가 있습니다. 지금 눈앞에 보이는 모든 물건들 역시 목적을 가지고 만들어졌습니다. 그런데 그 목적은 누가 정한 것입니까? 책상 스스로 목적을 가질 수 없고, 연필 스스로 자신의 목적을 만들어내지 못합니다. 목적은 그 물건을 만든 사람의 생각 속에 있었던 것입니다.

존재하는 모든 것이 목적을 가지고 생겨났다면, 이 땅에 존재하는 우리 인생에도 목적이 있지 않을까요? 우리는 스스로 우리 자신의 존재를 만들지 않았습니다. 우리는 우연히 생겨난 존재도 아닙니다. 이 세상의 하찮은 물건조차 목적을 가지고 만들어졌다면, 생명을 가진 우리는 매우 중요한 목적을 가지고 태어난 것이 분명합니다.

그런데 혹시 이런 생각을 해보신 적이 있지 않습니까? "나를 만든 분이 있을까? 나를 세상에 태어나게 한 분이 있을까? 나는 단지 부모님 사이에서 태어난 하나의 생명일 뿐일까?" 혹시 당신은 자신을 만드신 분이 계시다는 생각, 즉 당신의 인생의 주인이 계시다는 것을 생각해보신 적이 있습니까?

성경에는 인생의 발견과 의미를 노래한 깊은 신앙의 시가 많이 있습니다. 그중에 이스라엘의 왕이었던 다윗이 지은 많은 시가 있습니다. 다윗은 한 편의 시에서 이렇게 고백합니다. "당신은 나의 오장육부 만들어주시고 어머니 뱃속에 나를 빚어주셨으니 내가 있다는 놀라움, 하신 일의 놀라움, 이 모든 신비들, 그저 당신께 감사합니다."(시편 139:13 - 14) 이 시는 다윗이 자신을 태어나게 하신 분이 계심을 깨닫고 감사하는 시입니다.

성경의 맨 앞에는 우주와 생명과 시간의 창조에 관한 말씀을 기록한 '창세기'라는 책이 있습니다. 그런데 창세기의 1장에는 다음과 같은 놀라운 선언이 있습니다. "하나님이 자기의 형상 곧 하나님의 형상대로 사람을 창조하시되 남자와 여자를 창조하셨다."(창세기 1:27) 이와 같이 성경 말씀은 우리 인생에서 매우 중요한 진리를 가르쳐줍니다. 우리에게는 우리 자신을 지으신 분 곧 우리 인생의 주인이 계시며, 그분은 목적을 가지고 우리를 지으셨다는 것입니다. 그분은 바로 하나님이십니다. 하나님은 우주 만물뿐만 아니라 우리 인생을 지으신 창조주이시며, 우리 인생의 주인이 되십니다. 이 진리를 깨닫는 것은 인생에서 매우 중요하고 놀라운 발견입니다.

하나님은 우리 한 사람 한 사람을 하나님을 닮은 존재요, 최고의 걸작으로 만드셨습니다. 세상에 똑같은 사람은 단 한 사람도 없습니다. 쌍둥이조차 다릅니다. 모든 사람은 하나님의 사랑 가운데 그렇게 특별한 존재로 태어났습니다. 그래서 하나님은 우리를 보시면서 크게 기뻐하시고 우리에게 은혜와 사랑을 베풀어 주십니다. 예언자 스바냐는 이 사실을 이렇게 노래했습니다.

"주 너의 하나님이 너와 함께 계신다. 구원을 베푸실 전능하신 하나님이시다. 너를 보고서 기뻐하고 반시기고, 너를 사랑으로 새롭게 해주시고 너를 보고서 노래하며 기뻐하실 것이다."(스바냐 3:17)

우리가 하나님을 믿는다는 것은 바로 하나님이 내 인생의 참 주인이심을 발견하는 것이며, 인생의 주인이신 하나님 안에서 인생의 의미와 목적을 찾고 그것을 향해 참된 행복의 삶을 향하여 나아가는 것입니다. 그리고 매우 중요한 사실이 있습니다. 하나님은 당신을 지으셨고, 당신은 하나님의 무한한 사랑을 받는 복된 존재라는 사실입니다. 누구든지 하나님을 알고, 하나님을 믿음으로 자신의 인생의 가치를 발견하며, 인생의 목적과 의미를 찾을 때 참된 행복을 삶을 누립니다. 참된 행복의 놀라운 삶이 창조주 하나님 안에서 시작됩니다.

1. 하나님이 계심을 어떻게 알 수 있나?

우리는 여러 가지 통로를 통하여 하나님이 계심을 알 수 있습니다. 마음을 열고 세상과 인생과 말씀을 보는 사람은 하나님이 계심을 인정할 수밖에 없게 됩니다.

1) 하나님이 지으신 우주 만물을 통하여

"태초에 하나님이 천지를 창조하셨다."(창세기 1:1)

"해와 달아, 주님을 찬양하여라. 빛나는 별들아, 모두 다 주님을 찬양하여라. 하늘 위의 하늘아, 주님을 찬양하여라. 하늘 위에 있는 물아, 주님을 찬양하여라. 너희가 주님의 명을 따라서 창조되었으니, 너희는 그 이름을 찬양하여라."(시편 148:3 – 5)

"하늘은 하나님의 영광을 드러내고, 창공은 그의 솜씨를 알려 준다."(시편 19:1)

"이 세상 창조 때로부터, 하나님의 보이지 않는 속성, 곧 그분의 영원하신 능력과 신성은, 사람이 그 지으신 만물을 보고

서 깨닫게 되어 있습니다. 그러므로 사람들은 핑계를 댈 수가 없습니다."(로마서 1:20)

"주님께서 손수 만드신 저 큰 하늘과 주님께서 친히 달아 놓으신 저 달과 별들을 내가 봅니다. 사람이 무엇이기에 주님께서 이렇게까지 생각하여 주시며, 사람의 아들이 무엇이기에 주님께서 이렇게까지 돌보아주십니까? 주님께서는 그를 하나님보다 조금 못하게 하시고, 그에게 존귀하고 영화로운 왕관을 씌워 주셨습니다. 주님께서 손수 지으신 만물을 다스리게 하시고, 모든 것을 그의 발아래에 두셨습니다. 크고 작은 온갖 집짐승과 들짐승까지도, 하늘을 나는 새들과 바다에서 놀고 있는 물고기와 물길 따라 움직이는 모든 것을, 사람이 다스리게 하셨습니다. 주 우리의 하나님, 주님의 이름이 온 땅에서 어찌 그리 위엄이 넘치는지요?"(시편 8:3-9)

2) 양심을 통하여

"세례는 육체의 더러움을 씻어 내는 것이 아니라, 예수 그리스도의 부활을 힘입어서 선한 양심이 하나님께 응답하는 것입니다."(베드로전서 3:21)

"그런 사람은, 율법이 요구하는 일이 자기의 마음에 적혀 있음을 드러내 보입니다. 그들의 양심도 이 사실을 증언합니다. 그들의 생각들이 서로 고발하기도 하고, 변호하기도 합니다."(로마서 12:5)

3) 역사를 통하여

"어찌하여 세상의 임금들이 전선을 펼치고, 어찌하여 통치자들이 음모를 함께 꾸며 주님을 거역하고, 주님과 그의 기름 부음 받은 이를 거역하면서 이르기를 '이 족쇄를 벗어 던지자. 이 사슬을 끊어 버리자' 하는가? 하늘 보좌에 앉으신 이가 웃으신다. 내 주님께서 그들을 비웃으신다."(시편 2:2 – 4)

4) 성경을 통하여

"태초에 하나님이 천지를 창조하셨다."(창세기 1:1)

"예수께서 그들에게 말씀하셨다. '이 성경 말씀이 너희가 듣는 가운데서 오늘 이루어졌다.'"(누가복음 4:21)

"나도 전해 받은 중요한 것을 여러분에게 전해드렸습니다.

그것은 곧, 그리스도께서 성경대로 우리 죄를 위하여 죽으셨다는 것과, 무덤에 묻히셨다는 것과, 성경대로 사흘날에 살아나셨다는 것과, 게바에게 나타나시고 다음에 열두 제자에게 나타나셨다고 하는 것입니다."(고린도전서 15:3-5)

5) 예수님을 통하여

"예수께서 대답하셨다. '하나님이 너희의 아버지라면, 너희가 나를 사랑할 것이다. 그것은, 내가 하나님에게서 와서 여기에 있기 때문이다. 네가 내 마음대로 온 것이 아니라, 아버지께서 나를 보내신 것이다.'"(요한복음 8:42)

"예수께서 대답하셨다. 빌립아, 내가 이렇게 오랫동안 너희와 함께 지냈는데도, 너는 나를 알지 못하느냐? 나를 본 사람은 아버지를 보았다. 그런데 네가 어찌하여 '우리에게 아버지를 보여주십시오.' 하고 말하느냐?"(요한복음 14:9)

그러나 수많은 증거에도 불구하고 하나님을 인정하지 않고 믿지 않는 사람들이 있는 것은 무슨 이유 때문일까요? 사도 바울은 그 이유를 다음과 같이 분명하게 말씀합니다. "그러나 자연에 속한 사람은 하나님의 영에 속한 일들을 받아들이지 아니합니다. 그런 사람에게는 이런 일들이 어리석은 일이며, 그는 이런 일들을 이해할 수 없습니다. 이런 일들은 영적으로만 분별되기 때문입니다."(고린도전서 2:14) 그렇습니다. 하나님에 관한 진리는 영적인 것이므로 영적으로만 받아들여지기 때문입니다.

2. 하나님은 어떤 분이신가?

1) 하나님은 스스로 계시는 우주 만물의 창조주이십니다.

"태초에 하나님이 천지를 창조하셨다."(창세기 1:1)

"하나님께서 모세에게 말씀하셨다. '나는 스스로 있는 자이다.'"(출애굽기 3:14)

2) 하나님은 영이십니다.

"하나님은 영이시다. 그러므로 하나님께 예배드리는 사람은 영과 진리로 예배를 드려야 한다."(요한복음 4:24)

3) 하나님은 전지전능하신 분이십니다.

"나는 주다. 모든 사람을 지은 하나님이다. 내가 할 수 없는 일이 어디 있겠느냐?"(예레미야 32:27)

"하나님은 우리가 측량할 수 없는 큰일을 하시며, 우리가 헤아릴 수 없는 기이한 일을 하신다."(욥기 5:9)

"예수께서 그들을 눈여겨보시고, 말씀하셨다. '사람은 이 일을 할 수 없으니, 하나님은 무슨 일이나 다 하실 수 있다.'"(마태복음 19:26)

4) 하나님은 영원하십니다.

"산이 생기기 전에, 땅과 세계가 생기기 전에, 영원부터 영원까지 주님은 하나님이십니다."(시편 90:2)

"지금도 계시고 전에도 계셨고 앞으로 오실 전능하신 주 하나님께서 '나는 알파요 오메가다.' 하고 말씀하십니다."(요한계시록 1:8)

여기서 '알파'는 신약성경이 기록된 그리스어 알파벳의 첫 글자이고, '오메가'는 마지막 글자입니다. 그러므로 '알파와 오메가'는 시간의 '시작과 끝'이라는 뜻입니다. 하나님은 시간에 제한 받지 않으시는 분으로 시간의 주인이시며 영원하신 분이십니다.

5) 하나님은 사랑이시며 우리를 사랑하십니다.

"사랑하는 여러분, 서로 사랑합시다. 사랑은 하나님에게서 난 것입니다. 사랑하는 사람은 다 하나님에게서 났고, 하나님을 압니다. 사랑하지 않는 사람은 하나님을 알지 못합니다. 하나님은 사랑이시기 때문입니다."(요한1서 4:7 - 8)

"우리가 아직 죄인이었을 때에 그리스도께서 우리를 위하여 죽으셨습니다. 이리하여 하나님께서는 우리들에 대한 자기의 사랑을 나타내셨습니다."(로마서 5:8)

6) 하나님은 빛이십니다.

"하나님은 빛이시오, 하나님 안에는 어둠이 전혀 없습니다."(요한1서 1:5)

7) 하나님은 거룩하시고 완전하십니다.

"내가 거룩하니, 너희도 거룩하게 되어야 한다."(레위기 11:45)

"그러므로 하늘에 계신 너희 아버지께서 완전하신 것 같이, 너희도 완전하여라."(마태복음 5:48)

8) 하나님은 항상, 어디에나 계십니다.

"지금도 계시고 전에도 계셨고 앞으로 오실 전능하신 주 하나님께서 '나는 알파요, 오메가다.' 하고 말씀하십니다."(요한계시록 1:8)

"산들이 생기기 전에, 땅과 세계가 생기기 전에, 영원부터 영원까지, 주님은 하나님이십니다."(시편 90:2)

"하나님, 하나님께서 사람과 함께 땅 위에 계시기를 우리가 어찌 바라겠습니까? 저 하늘, 저 하늘 위의 하늘이라도 주님을 모시기에 부족할 터인데, 내가 지은 이 성전이야 더 말해 무엇 하겠습니까?"(역대하 6:18)

9) 하나님은 결코 변함이 없으십니다.

"온갖 좋은 선물과 모든 완전한 은사는 위에서, 곧 빛들을 지으신 아버지께로부터 내려옵니다. 아버지께는 이러저러한 변함이나 회전하는 그림자가 없으십니다."(야고보서 1:17)

10) 하나님은 모든 것을 아십니다.

"주님께서는 모든 사람의 마음을 살피시고, 모든 생각과 의도를 헤아리신다. 네가 그를 찾으면 너를 만나주시겠지만, 네가 그를 버리면 그도 너를 영원히 버리실 것이다."(역대상 28:9)

"내가 앉아 있거나 서 있거나 주님께서는 다 아십니다. 멀리서도 내 생각을 다 알고 계십니다. 내가 혀를 놀려 아무 말 하지 않아도 주님께서는 내가 하려는 말을 이미 다 알고 계십니다."(시편 139:2, 4)

"하나님은 우리 마음보다 크신 분이시고, 또 모든 것을 알고 계십니다."(요한1서 3:20)

"아버지께서는 너희의 머리카락까지도 다 세어 놓고 계신다."(마태복음 10:30)

11) 하나님은 선하시고, 의로우시고, 신실하시고, 자비로우십니다.

"선하신 주님, 너그러우신 주님, 주님의 율례들을 내게 가르쳐주십시오."(시편 119:68)

"하나님은 반석, 하시는 일마다 완전하고, 그의 모든 길은 올곧다. 그는 거짓이 없고, 진실하신 하나님이시다. 의로우시고 곧기만 하시다."(신명기 32:4)

"주님은 의로우셔서, 정의로운 일을 사랑하는 분이시니, 정직한 사람은 그의 얼굴을 뵙게 될 것이다."(시편 11:7)

"그러나 주님께서는 신실하신 분이시므로, 여러분을 굳세게 하시고, 악한 자에게서 지켜주십니다."(데살로니가후서 3:3)

"그분은 하늘과 땅을 만드셨습니다. 바다와 그 안에 있는 모든 것들을 만드신 분입니다. 여호와는 영원히 신실하신 분이십

니다."(시편 146:6)

"하나님은 자비가 넘치는 분이셔서, 우리를 사랑하신 그 크신 사랑으로 말미암아 범죄로 죽은 우리를 그리스도와 함께 살려주셨습니다. 여러분은 은혜로 구원을 얻었습니다."(에베소서 2:4 - 5)

12) 하나님은 우리의 인생길을 인도하십니다.

"사람이 마음으로 자기의 길을 계획하지만 그 발걸음을 인도하시는 분은 주님이시다."(잠언 16:9)

우리는 지금까지 하나님에 관한 성경의 핵심적인 구절들을 살펴보았습니다. 물론 하나님에 대해서 모두 다 설명하고 이해하는 것은 불가능할 것입니다. 그러나 우리가 성경 말씀을 통해 하나님을 알고, 하나님이 내 인생의 창조주가 되시며, 목적을 가지고 이 세상에 나를 보내셨다는 사실은 우리에게 아주 중요한 새로운 삶의 시작이 됩니다.

교회에서는 하나님, 예수님 혹은 예수 그리스도님, 성령님이라는 호칭을 많이 사용합니다. 바른 기독교의 가르침은 이 세

분이 모두 같은 한 분 곧 하나님이라고 믿습니다. 좀 더 자세히 설명하면 하나님은 하나님 아버지로서 성부(聖父) 하나님이십니다. 예수님은 하나님의 아드님으로서 성자(聖子) 하나님이십니다. 성령님은 우리와 함께하시는 하나님의 거룩하신 영으로서 성령(聖靈) 하나님이십니다. 이렇게 세 분이 동일한 하나님이시라는 것을 가리켜서 삼위일체(三位一體)라고 합니다. 동일하신 한 분 하나님이시지만, 그리스도인들은 아버지로서 창조주 되신 하나님, 아들로서 구세주 되신 예수 그리스도님, 영으로서 하나님의 자녀인 그리스도인의 삶에 함께하시며 지혜와 용기와 능력을 주시는 성령님, 이렇게 세 분의 모습으로 고백하고 경험합니다. 삼위일체의 하나님은 우리에게 신비로우신 분으로밖에는 경험할 수 없는 놀라운 분이십니다.

오늘 공부한 내용을 생각해보면서 하나님을 창조주요, 영원하시고 전지전능하신 분, 나를 만드시고 생명을 주신 사랑의 아버지로 마음에 가까이 모시게 되기를 바랍니다.

제2과

복된 삶의 문 – 예수 그리스도

우리는 성경의 말씀을 통하여 인생을 만드신 분이 계시며, 내 인생의 주인이 되시는 창조주이신 하나님 아버지가 계신다는 놀라운 사실을 알게 되었습니다. 그리고 그 하나님이 어떤 분인지도 공부했습니다. 또한 하나님은 한 분이시지만 성부, 성자, 성령 삼위일체의 하나님이심을 간략하게 배웠습니다. 물론 삼위일체의 하나님은 지적으로 이해할 수 없는 하나님의 존재하심의 신비스러운 모습이므로 앞으로 신앙생활이 깊어지면서 조금씩 깨닫게 될 것입니다.

이제 우리는 하나님 안에서 어떻게 복된 삶을 살게 되는지 살펴보겠습니다. 예수님은 우리가 하나님을 알게 해주시고, 하나님을 아버지로 부를 수 있도록 하나님의 자녀가 되게 해주시며, 우리가 참된 복의 삶의 세계로 들어간 문이 되십니다.

1. 인간의 상태와 죄의 굴레

우리가 예수님을 알기 위해서 먼저 알아야 할 것이 있는데 그것은 우리 자신, 곧 인간의 상태입니다. 하나님은 사랑으로 인간을 만드시고, 목적을 가지고 이 세상에 보내셨습니다. 그러나 많은 사람들이 인생의 목적을 알지 못하고 고통과 무의미 속에서 살아갑니다. 성경은 그 이유가 죄 때문이라고 말씀합니다. 죄에는 윤리적이고 도덕적이며 법률적인 죄가 있지만, 성경이 말하는 죄는 그것보다 더욱 근본적인 것입니다.

성경에서 사용되는 '죄'라는 단어는 그리스어로 '하마르티아'인데, 이 단어는 법을 어기는 것과 윤리적이고 도덕적인 잘못은 물론 사람이 마땅히 살아야 할 바른길을 벗어난 상태를 말합니다. 이것은 마치 목표점을 향해 날아가야 할 화살이 과녁을 벗어난 것과 같은 상태입니다. 그러므로 죄는 하나님이 원하시고 기대하시는 목표점 곧 사람이 하나님 앞에서 마음과 생각과 행동으로 마땅히 살아야 할 바른 방향과 진리의 길을 벗어난 것을 말합니다. 그러므로 이 세상에서 죄가 없는 사람은 한 사람도 없습니다. 단지 마음과 생각만으로도 죄가 되기 때문입니다.

죄가 어떻게 생겨났을까요? 죄가 인간에게 들어온 것은 피조물인 인간이 하나님께 불순종함으로 나타난 결과입니다(창세기 2:16,17, 3:6). 최초의 인간인 아담과 하와가 하나님이 주신 명령을 어기고 불순종함으로 죄가 들어왔습니다. 그리하여 모든 인간에게 그 죄성(罪性)이 들어 있습니다. 이렇게 사람에게 들어온 죄는 엄청난 결과를 가져왔습니다. 성경은 죄의 결과를 다음과 같이 말씀합니다.

"오직, 너희 죄악이 너희와 너희의 하나님 사이를 갈라놓았고, 너희의 죄 때문에, 주께서 너희에게서 얼굴을 돌리셔서, 너희의 말을 듣지 않으실 뿐이다."(이사야 59:2)

"모든 사람이 죄를 범하였으므로, 하나님의 영광에 이르지 못합니다."(로마서 3:23)

"모든 사람이 죄를 지었기 때문에 죽음이 모든 사람에게 이르게 되었습니다."(로마서 5:12)

그렇습니다. 죄는 우리로 하여금 하나님과의 관계를 깨트렸고, 영혼을 오염시켰으며, 하나님을 보지 못하게 하였고, 죄의 지배를 받게 하였으며, 영혼의 영원한 죽음을 피할 수 없게 만들었습니다. 죄가 인간의 모든 불행의 원인입니다.

2. 죄를 어떻게 해결하나?

그러면 우리는 이 죄의 문제를 어떻게 해결할 수 있을까요? 우리를 지으신 하나님은 우리를 사랑하시기 때문에 사람이 가진 이 죄의 문제를 해결해주시고, 죄와 죄의 결과로부터 우리를 구원해주시기 위해 놀라운 일을 행하셨습니다. 성경은 이렇게 증언합니다.

"하나님이 세상을 이처럼 사랑하사 독생자를 주셨으니 이는 누구든지 저를 믿는 자 마다 멸망치 않고 영생을 얻게 하려 하심이니라."(요한복음 3:16)

"우리가 죄가 없다고 말하면, 우리는 자기를 속이는 것이요, 진리가 우리 속에 없는 것입니다. 우리가 우리 죄를 자백하면, 하나님은 신실하시고 의로우신 분이셔서, 우리 죄를 용서하시고, 모든 불의에서 우리를 깨끗하게 해주실 것입니다."(요한1서 1:8 - 9)

"죄의 삯은 죽음이요, 하나님의 선물은 우리 주 예수 그리스도 안에서 누리는 영원한 생명입니다."(로마서 6:23)

하나님은 누구든지 예수님을 믿음으로 죄를 용서받고, 멸망으로부터 구원을 받아 영원한 생명을 얻는 길을 열어 주셨습니다. 그래서 하나님은 우리를 위해 예수님을 세상에 보내주셨습니다. 그리고 세상에 오신 예수님은 죄에 빠진 사람들을 구원하시려고 십자가에서 죄의 값을 대신 지불하시기 위해 죽으셨습니다. 그러나 십자가에서 숙으신 예수님은 하나님의 능력으로 부활하셨습니다.

예수님을 믿는다는 것은 예수님이 하나님의 아들이시라는 것과, 예수님이 십자가에서 나의 죗값을 대신 지불하여 죽으시고 부활하셨다는 것과, 부활하신 예수님은 나의 주인이 되셔서 나를 다스리는 주님이 되신다는 것을 믿음으로 받아들이는 것입니다. 이 진리를 성경은 이렇게 말씀합니다.

"당신이 만일 예수는 주님이라고 입으로 고백하고, 하나님께서 그를 죽은 사람들 가운데서 살리신 것을 마음으로 믿으면 구원을 얻을 것입니다."(로마서 10:9)

그러므로 예수님을 믿음으로 구원을 얻는 것은 자신의 의로운 행동 때문이 아니라, 사랑의 하나님께서 예수 그리스도의 십자가를 통하여 이루신 놀라운 은혜의 결과입니다. 그러므로 성경은 "여러분은 믿음을 통하여 은혜로 구원을 얻었습니다. 이것은 여러분에게서 난 것이 아니요, 하나님의 선물입니다. 행위에서 난 것이 아닙니다. 그러므로 아무도 자랑할 수 없습니다."(에베소서 2:8 - 9)라고 말씀합니다.

3. 예수님은 어떤 분이신가?

우리에게 구원을 주시는 예수님에 대해서 좀 더 자세하게 알아보겠습니다. '예수'라는 이름에는 '여호와(하나님)께서 구원하신다.'는 뜻이 담겨 있습니다(마태복음 1:21). 그래서 예수님을 가리켜 '구세주'라고 부르기도 합니다. 또한 예수님의 이름에는 '그리스도'라는 호칭이 함께 사용됩니다. '그리스도'는 '기름 부음을 받은 자'(마태복음 1:16)라는 뜻인데 '기름 부음을 받았다.'는 것은 하나님께서 특별한 목적을 위해서 사람을 세우셨음을 의미합니다. 예수님은 '그리스도'이신 것 외에도 '하나님의 아들'(마태복음 16:16), '주님'(사도행전 2:36), 혹은 '인자'(다니엘 7:13)로 불리셨습니다.

1) 예수님은 하나님이십니다.

"나와 아버지는 하나이다."(요한복음 10:30)

"예수께서 대답하셨다. … 나를 본 사람은 아버지를 보았다.
그런데 어찌하여 '우리에게 아버지를 보여주십시오.'하고 말하
느냐?"(요한복음 14:9)

예수님이 하나님과 동일하신 분이라는 것은 예수님이 신성
(神性)을 가진 분이심을 의미합니다. 예수님은 곧 하나님이십
니다. 하나님이 인간의 몸을 입고 이 세상에 오신 분이 바로
예수님이십니다. 하나님이 사람이 되신 이 놀라운 신비를 가리
켜 '성육신'이라고 합니다. 사도 요한은 성육신을 가리켜 이렇
게 말씀하였습니다. "그 말씀은 육신이 되어 우리 가운데 사셨
다. 우리는 그의 영광을 보았다. 그것은 아버지께서 주신, 외
아들의 영광이었다. 그는 은혜와 진리가 충만하였다."(요한복
음 1:14)

2) 예수님은 인성(人性)도 가지고 계십니다.

"예수께서 길을 가시다가 피로하셔서 우물가에 앉으셨다. 때는 오정쯤이었다."(요한복음 4:6)

"예수께서 … 마음이 비통하여 괴로워 하셨다. … 예수께서는 눈물을 흘리셨다."(요한복음 11:33, 35)

예수님은 동정녀 마리아를 통해 성령으로 잉태되어 인간의 몸으로 이 세상에 태어나셨습니다. 예수님은 우리와 똑같은 사람이셨습니다. 그래서 사람이 느끼는 아픔과 고통과 감정과 모든 것을 동일하게 겪으셨습니다.

3) 예수님은 죄가 없으시며 거룩하고 온전하신 분이십니다.

인성을 가지신 예수님이 우리와 다른 점이 있다면, 그것은 예수님에게는 죄가 없으시다는 것입니다. 예수님은 죄가 없는 온전한 사람이셨습니다. 그러므로 예수님은 우리의 죄를 대신 지실 화목제물이 되실 수 있으셨습니다.

"우리에게 있는 대제사장(=예수님)은 우리의 연약함을 동정하지 못하시는 분이 아닙니다. 그는 모든 점에서 우리와 마찬가지로 시험을 받으셨지만 죄는 없으십니다."(히브리서 4:15)

4) 예수님은 우리의 죄를 대속하러 오신 구원자이시며, 우리를 위해 십자가를 지셨습니다.

그러면 어떻게 예수님이 우리의 죗값을 대신 지신 것일까요?

"다음 날 요한은 예수께서 자기에게 오시는 것을 보고 말하였다. '보시오, 세상 죄를 지고 가는 하나님의 어린 양입니다.'"(요한복음 1:29)

구약시대에 사람이 죄의 용서를 받기 위해서는 자신의 죄의 대가로 흠 없는 동물을 잡아 동물의 피를 흘려 하나님께 제물로 드려야 했습니다. 그런데 예수님이 이 땅에 오셔서 십자가에서 죽으신 것은 동물 내신에 우리를 위한 속죄의 제물이 되신 것입니다. 예수님은 죄가 없으시기 때문에 온전한 제물로 드려져서 우리를 대신하여 십자가에서 죽으심으로 피를 흘리셨습니다. 그러므로 우리는 예수님의 십자가의 피로 말미암아 죄의 용시를 받습니다. 예수님이 죗값을 내신 지불하셨기 때문입니다. 예수님은 이렇게 우리를 위한 구세주가 되셨습니다. 이 놀라운 사실을 성경은 이렇게 말씀합니다.

"하나님께서 빛 가운데 계신 것과 같이, 우리가 빛 가운데 살아가면, 우리는 서로 사귐을 가지게 되고, 하나님의 아들 예수의 피가 우리를 모든 죄에서 깨끗하게 해주십니다."(요한1서 1:7)

5) 예수님은 죽으신지 사흘 만에 부활하시어 죽음을 이기고 영생과 부활의 소망을 주셨습니다.

예수님은 인류의 죄를 사하시기 위하여 십자가에서 죽으셨습니다. 그러나 그것이 끝이 아니었습니다. 예수님은 부활하셔서 죽음을 이기셨습니다. 그리하여 예수님을 믿는 모든 자들에게 영원한 생명과 부활을 확증해주셨습니다.

"하나님의 선물은 우리 주 예수 그리스도 안에서 누리는 영원한 생명입니다."(로마서 6:23)

"예수께서 마르다에게 말씀하셨다. '나는 부활이요 생명이니, 나를 믿는 사람은 죽어도 살고, 살아서 나를 믿는 사람은 영원히 죽지 아니할 것이다. 네가 이것을 믿느냐?'"(요한복음 11:25 - 26)

"그가 말씀하신 대로 그는 살아나셨다."(요한복음 28:6)

부활하신 예수님은 6주에 걸쳐 11번 제자들에게 나타나셨고 (누가복음 24:37 - 43 등), 500명이 넘는 사람들이 예수님의 부활을 목격하였습니다(고린도전서 15:6). 그러므로 예수님의 부활은 허구가 아닌 역사적 사실입니다.

6) 예수님은 구약성경에 약속된 메시아 이십니다.

그리스도인은 예수님을 '그리스도'라고 부릅니다. '그리스도'라는 단어는 '메시아'라는 히브리어를 고대 그리스어로 번역한 것인데, '기름 부음을 받은 자'라는 뜻을 가지고 있습니다. 구약성경에서 하나님의 기름 부음을 받은 자는 대표적으로 왕, 제사장, 예언자였습니다. 나라를 잃은 히브리인들은 하나님의 기름 부음 받은 자인 구원자 메시아가 오셔서 그들을 구원해주시고 새로운 나라를 세우실 것을 열망하였습니다. 또한 구약성경에는 다윗의 자손 메시아의 오심에 대해 많은 예언의 말씀이 있습니다. 구약에는 300개 이상 그리스도에 관한 예언이 나오는데, 이 예언은 예수님을 통해 온전히 성취되었습니다. (예, 시편 22:18과 요한복음 19:23 – 24, 시편 34:20과 요한복음 19:31 – 36, 이사야 7:14과 누가복음 1:35, 이사야 53:7과 요한복음 1:29, 예레미야 31:22과 마태복음 1:18 – 20, 에스겔 34:23 – 24과 마태복음 1:1 등)

　예수님은 바로 온 인류를 위해 하나님의 기름 부음을 받은 분으로 오신 참된 구원자 되시며, 다윗의 자손이신 하나님의 메시아 곧 그리스도이십니다. 이처럼 예수님을 통해 구약의 예언은 성취되었습니다.

7) 예수님은 길과 진리와 생명이 되십니다.

　"나는 길이요 진리요 생명이다. 나를 통하지 않고서는 아무도 아버지께로 올 사람이 없다."(요한복음 14:6)

　예수님은 인생의 참된 길이며, 진리가 되시며, 생명이 되시는 유일한 분이십니다. 우리는 진리이며 길이 되시는 예수님을 통해서 우리의 인생의 주인이신 하나님을 만나고, 죄의 굴레를 벗어나 참된 자유와 생명과 진복의 길을 갈 수 있습니다.

4. 예수님이 하신 일

1) 예수님은 하나님의 나라를 선포하셨습니다.

"예수께서는 '회개하여라. 하늘나라가 가까이 왔다.'하고 선포하기 시작하셨다."(마태복음 4:17)

예수님은 이 세상에 오셔서 하나님의 나라를 선포하셨습니다. 예수님이 오심으로 하나님의 나라가 땅 위에 임하였습니다. 예수님은 인류를 하나님의 나라로 이끄시기 위해 세상에 오셨습니다.

2) 예수님은 복음을 선포하시고, 가르치시고, 치유하셨습니다.

마태복음의 말씀은 예수님이 이 세상에서 행하신 중요한 3대 사역에 대해 이렇게 전해줍니다. "예수께서는 모든 도시와 마을을 두루 다니시면서, 유대 사람의 여러 회당에서 가르치며, 하늘나라의 복음을 선포하며, 온갖 질병과 온갖 아픔을 고쳐주셨다."(마태복음 9:35)

복음서가 전해주는 예수님의 핵심 사역 세 가지는 생명과 구원의 말씀을 가르치시고, 복음을 선포하시고, 몸과 마음과 영혼의 병을 고쳐주시는 것이었습니다.

3) 예수님은 죄를 위하여 십자가에서 죽으셨습니다.

예수님은 구약 성경에 예언된 메시아로 이 세상에 오셨습니다. 그리고 예수님은 성경의 말씀대로 인류를 죄에서 구원하기 위하여 십자가의 고난을 받으시고 죽으셨습니다.

"그가 찔린 것은 우리의 허물 때문이고, 그가 상처를 받은 것은 우리의 악함 때문이다. 그가 징계를 받음으로써 우리가 평화를 누리고, 그가 매를 맞음으로써 우리의 병이 나았다. 우리는 모두 양처럼 길을 잃고, 각기 제 갈 길로 흩어졌으나, 주님께서 우리 모두의 죄악을 그에게 지우셨다."(이사야 53:5 - 6)

"인자는 섬김을 받으러 온 것이 아니라 섬기러 왔으며, 많은 사람을 위하여 자기 목숨을 몸값으로 치러주려고 왔다."(마태복음 20:28)

"우리는 십자가에 달리신 그리스도를 전합니다. 그리스도가 십자가에 달리셨다는 것은 유대 사람에게는 거리낌이고, 이방 사람에게는 어리석은 일입니다."(고린도전서 1:23)

"나는 여러분 가운데서 예수 그리스도 곧 십자가에 달리신 그분 밖에는, 아무것도 알지 않기로 작정하였습니다."(고린도전서 2:2)

"하나님께서는 죄를 모르시는 분에게 우리 대신으로 죄를 씌우셨습니다. 그것은 우리가 그리스도 안에서 하나님의 의가 되게 하시려는 것입니다."(고린도후서 5:21)

4) 예수님은 부활하셨습니다.

"고난을 당하고 난 뒤에, 그는 생명의 빛을 보고 만족할 것이다."(이사야 53:11)

"이제 주님께로 돌아가자. 주님께서 우리를 찢으셨으나 다시 싸매어 주시고, 우리에게 상처를 내셨으나 다시 아물게 하신다. 이틀 뒤에 우리를 다시 살려 주시고, 사흘 만에 우리를 다

시 일으켜 세우실 것이니, 우리가 주님 앞에서 살 것이다."(호세아 6:1 - 2)

"그가 여자들에게 말하였다. 놀라지 마시오. 그대들은 십자가에 못 박히신 나사렛 사람 예수를 찾고 있지만, 그는 살아나셨소. 그는 여기에 계시지 않소."(마가복음 16:6)

"그러나 하나님께서는 그를 죽음의 고통에서 풀어서 살리셨습니다. 그가 죽음의 세력에 사로잡혀 있는 것은 있을 수 없는 일이기 때문입니다."(사도행전 2:24)

"전해 받은 중요한 것을 여러분에게 전해드렸습니다. 그것은 곧, 그리스도께서 성경대로 우리 죄를 위하여 죽으셨다는 것과, 무덤에 묻히셨다는 것과, 성경대로 사흘날에 살아나셨다는 것과, 게바에게 나타나시고 다음에 열두 제자에게 나타나셨다고 하는 것입니다."(고린도전서 15:3 - 5)

예수님은 성경의 예언대로 십자가에서 죽으셨으나, 또한 죽음에서 부활하시어 하나님의 모든 약속의 말씀을 성취하셨습니다.

5) 예수님은 승천하셨으며 다시 오실 것입니다.

"그러나 성령이 너희에게 내리시면, 너희는 능력을 받고, 예루살렘과 온 유대와 사마리아에서, 그리고 마침내 땅끝에까지 이르러 내 증인이 될 것이다." "이 말씀을 하신 다음에, 그가 그들이 보는 앞에서 들려 올라가시니, 구름에 싸여서 보이지 않게 되었다. 예수께서 떠나가실 때에, 그들이 하늘을 쳐다보고 있는데, 갑자기 흰 옷을 입은 두 사람이 그들 곁에 서서 '갈릴리 사람들아, 어찌하여 하늘을 쳐다보면서 서 있느냐? 너희를 떠나서 하늘로 올라가신 이 예수는, 하늘로 올라가시는 것을 너희가 본 그대로 오실 것이다.' 하고 말하였다."(사도행전 1:8 - 11)

"우리에게는 하늘에 올라가신 위대한 대제사장이신 하나님의 아들 예수가 계십니다. 그러므로 우리의 신앙 고백을 굳게 지킵시다."(히브리서 4:14)

하늘에 오르신 예수님은 다시 오시겠다고 말씀하셨습니다. 예수님의 다시 오심을 '재림'이라고 합니다. 예수님에 관한 예언은 모두 성취되었습니다. 오직 예수님의 재림은 아직 이루어지지 않았으며, 모든 성도들은 예수님의 다시 오심을 기다리고 있습니다.

5. 예수님을 믿을 때 받는 선물

우리가 참 길이며 진리이며 생명이신 예수님을 믿을 때 우리에게 놀라운 일이 일어납니다.

1) 하나님의 자녀가 되는 특권을 받습니다.

"그 이름을 맞아들인 사람들 곧 그 이름을 믿는 사람들에게는 하나님의 자녀가 되는 특권을 주셨다."(요한복음 1:12)

우리가 예수님을 하나님의 아들로 시인하며, 그 이름을 믿을 때 우리는 하나님의 자녀가 됩니다. 이것은 우리의 존재가 바뀌는 것입니다. 우주 만물의 창조주이시며, 인생의 주인이신 하나님의 자녀가 되는 은혜를 입게 됩니다.

2) 죄의 용서를 받고 구원을 받습니다.

"주 예수를 믿으시오. 그리하면 당신과 당신의 집안이 구원

을 얻을 것입니다."(사도행전 16:31)

"주님의 이름을 부르는 사람은 누구나 구원을 얻을 것입니다."(로마서 10:13)

"여러분은 믿음을 통하여 은혜로 구원을 얻었습니다. 이것은 여러분에게서 난 것이 아니요, 하나님의 선물입니다. 행위에서 난 것이 아닙니다. 그러므로 아무도 자랑할 수 없습니다."(에베소서 2:8-9)

예수님을 믿을 때 우리는 모든 죄와 죄의 권세와 결과로부터 자유함을 얻어 구원을 받게 됩니다. 이 구원은 우리의 믿음을 통하여 하나님께서 은혜로 주신 것입니다. 그러므로 구원은 예수님을 통하여 우리에게 주시는 하나님의 선물입니다.

3) 영원한 생명을 누립니다.

"내가 진정으로 진정으로 너희에게 말한다. 믿는 사람에게는 영생이 있다."(요한복음 6:47)

4) 평화를 누립니다.

"나는 평화를 너희에게 남겨 준다. 나는 내 평화를 너희에게 준다. 내가 주는 평화는, 세상이 주는 평화와 같은 것이 아니다. 너희는 마음에 근심하지 말고, 두려워하지도 말아라."(요한복음 14:27)

6) 믿음으로 고백합시다.

우리가 예수님을 마음으로 믿고 입으로 고백할 때 성경에 약속된 놀라운 선물이 우리에게 값없이 은혜로 주어집니다. 그 선물은 구원입니다.

"당신이 만일 예수는 주님이라고 입으로 고백하고, 하나님께서 그를 죽은 사람들 가운데서 살리신 것을 마음으로 믿으면 구원을 얻을 것입니다."(로마서 10:9)

아주 단순하지만 이 말씀 속에 구원의 길이 담겨 있습니다. 어떻습니까? 이 예수님을 마음에 구세주로 믿어 영접하고, 구원의 놀라운 선물을 누리는 삶을 살고 싶지 않으십니까? 자, 이제 당신의 마음을 열고 저와 함께 예수님을 믿음으로 받아들임을 고백하는 기도를 하기 바랍니다. 먼저 마음으로 성경의 진리를 믿으시기 바랍니다. 그리고 믿음을 가지고 다음과 같이 입으로 고백하는 것입니다. 이미 예수님을 주님으로 영접하여 믿으시는 분들도 함께 기도하며 구원의 기쁨을 확인하고 누리기 바랍니다.

✝ 사랑의 예수님, 저를 창조하신 하나님을 알게 하여 주시니 감사합니다. 하나님을 모른 채 부인하고 외면하였던 제가 이제 예수님을 믿고 예수님을 제 삶의 주님으로 받아들이겠습니다. 지금까지 하나님을 인정하지 않고, 진리의 길을 벗어나 살았던 저의 모든 죄를 용서하여 주옵소서. 저의 죄를 용서해주시려고 십자가에 달려 돌아가신 예수님, 감사합니다. 저를 구원해주시고 하나님의 자녀가 되게 하여 주시니 감사합니다. 예수님께서 저를 위하여 죽으시고 부활하심을 믿습니다. 제가 십자가의 사랑을 더 잘 깨닫고 이해할 수 있도록 도와주시옵소서. 이제 예수님을 제 마음에 제 인생의 주님으로 모시겠습니다. 이제부터 주님의 뜻을 따라 살겠습니다. 예수님께서 주신 구원의 선물을 믿음으로 받아들입니다. 주님, 지금 저의 삶에 오셔서 주인이 되시고 저를 다스려 주시옵소서. 성숙한 그리스도인으로 자라도록 도와주시옵소서. 예수님을 믿고 따르며 생명과 빛의 길을 걷게 하옵소서. 예수님의 이름으로 기도합니다. 아멘.

당신을 진심으로 축복합니다! 당신이 진심으로 기도하여 예수님을 인생의 주님으로 모시기로 결심하고 고백하는 것은 매우 중요합니다. 이 기도가 진심의 기도이며 정직한 기도라면 성경에 약속하신 말씀이 바로 당신에게 그대로 이루어진 것입니다. 지금 처음 예수님을 믿는다고 고백하신 분들도 계실 것이고, 이미 예수님을 영접하는 결단과 헌신을 하셨던 분들도 계실 것입니다. 중요한 것은 예수님을 믿고 고백함으로 당신은 하나님의 자녀이며, 구원받은 예수님의 사람 곧 그리스도인이라는 사실입니다. 우리는 누구나 예수님의 이름으로 천국의 백성으로 거듭난 새 삶을 살아갈 수 있습니다. 예수님을 믿는 형제(자매)님, 언제나 어디서나 예수님을 향한 믿음을 고백하고 감사하며 복된 순례의 길에 승리하기를 축복합니다.

6. 구원받은 하나님의 자녀인 우리는 어떻게 해야 할까요?

1) 예배에 정기적으로 참석하십시오. 예배는 하나님의 자녀가 하나님께 드리는 최고의 사랑의 고백이며 헌신입니다.
2) 늘 하나님께 기도하십시오.
3) 하나님의 말씀을 읽고 묵상하며 실천하십시오.

4) 속회 등 소그룹 모임에 참석하며, 교회의 여러 가족들과 사랑의 교제를 나누십시오.

5) 자신의 은사와 능력과 재능과 재물을 주님의 영광을 위해 사용하십시오.

6) 믿지 않는 가족과 친구와 이웃에게 예수님을 전하십시오.

7) 세례를 받지 않은 분은 반드시 세례를 받으십시오.

하나님의 자녀이신 소중한 당신을 축복합니다! 하나님이 선물로 주신 구원과 은혜의 삶, 참된 복의 길을 걷는 당신에게 하나님의 사랑과 평화와 은총이 언제나 넘치기를 축복합니다! 사랑합니다!

제3과

복된 삶의 능력 – 성령님

우리는 앞에서 하나님 아버지와 아들이신 예수 그리스도님에 대해 배웠습니다. 또한 하나님은 하나님 아버지, 아들 예수 그리스도, 성령님이라는 삼위일체의 하나님이심을 배웠습니다. 오늘은 성령님에 대해 공부합니다. 성령님은 하나님의 영이시며, 예수 그리스도의 영이십니다.

"말하는 이는 너희가 아니라, 너희 안에서 말씀하시는 아버지의 영이시다."(마태복음 10:20)

"그러나 하나님의 영이 여러분 안에 살아계시면, 여러분은 육신 안에 있지 않고, 성령 안에 있습니다. 누구든지 그리스도의 영이 없으면, 그리스도의 사람이 아닙니다."(로마서 8:9)

사도 바울은 "그리스도의 영이 없으면 그리스도의 사람이 아니라."(로마서 8:9)고 말씀하셨습니다. 성령님을 아는 것은 신앙생활의 핵심적인 요소입니다. 우리는 예수님을 하나님의 아들이요, 우리의 구세주이시며, 주님으로 고백하고 인정하면 우리 안에 주님이 계심을 알아야 합니다.

"누구든지 예수를 하나님의 아들로 시인하면 하나님이 그 사람 안에 계시고 그 사람은 하나님 안에 있습니다."(요한1서 4:15)

이것은 매우 중요한 진리입니다. 성령님은 어떤 소수의 특별한 사람만 경험하는 것이 아닙니다. 거듭난 모든 사람에게는 누구나 이미 성령님이 그 사람 안에 거하고 계십니다. 누가 거듭난 사람입니까? 거듭난 사람은 예수님이 하나님의 아들이시며, 예수님이 자신의 죄를 위해 죽으신 것을 믿는 모든 사람들입니다. 예수님을 믿고 영접할 때에 성령 하나님께서 그 사람 안에 거주하십니다. 성령님께서 우리 마음 안에 계시지 않고서는 예수님을 나의 주라 그렇게 고백할 수 없습니다. 예수님을 믿고 하나님의 은혜와 사랑을 누리며 사는 성도들의 삶은 언제나 성령님을 통해서 주님이 함께하심을 누리며, 참된 지혜와 힘을 얻는 삶입니다. 성령님을 떠나서는 우리가 승리하는 믿음의 삶을 살 수 없습니다.

1. 성령(聖靈)님은 어떤 분이신가?

1) 성령님은 우리를 도와주시는 분이신 '보혜사'이십니다.

"보혜사 곧 아버지께서 내 이름으로 보내실 성령께서 너희에게 모든 것을 가르쳐주실 것이다."(요한복음 14:26)

"이와 같이 성령께서도 우리의 약함을 도와주십니다. 우리는 어떻게 기도해야 할지도 알지 못하지만, 성령께서 친히 이루 다 말할 수 없는 탄식으로 우리를 대신하여 간구하여 주십니다."(로마서 8:26)

'보혜사'란 옆에서 보호하고 도와주는 분이라는 뜻입니다. 성령님은 언제 어디서나 우리의 약함을 도와주십니다. 심지어 우리를 위하여 간구하여 주시는 분이십니다. 성령님은 모든 상황에서 우리를 노우시며 우리와 함께하시는 하나님의 영이십니다.

2) 성령님은 진리의 영이시며 우리와 함께, 우리 안에 계십니다.

"그는 진리의 영이시다. 세상은 그를 보지도 못하고 알지도 못하므로 그를 맞아들일 수가 없다. 그러나 너희는 그를 안다. 그것은 그가 너희와 함께 계시고, 또 너희 안에 계실 것이기 때문이다."(요한복음 14:17)

성령님은 인격적인 분이십니다. 그분은 하나님의 거룩하신 영이시며 사랑의 영이시고, 우리의 모든 것을 아십니다. 또한 영이시므로 어디에서도 우리와 함께 계시는 분이십니다. 그러므로 우리는 성령님으로 인하여 하나님과 깊고 친밀한 관계를 누릴 수 있게 됩니다. 영적인 성숙과 성장은 성령님의 역사로 이루어집니다. 우리가 영적으로 성숙한다는 것은 곧 예수님을 닮아가는 것입니다. 성령님이 우리 안에 이 일을 이루게 하십니다.

3) 우리를 구원의 진리로 인도하십니다.

예수님은 말씀하셨습니다. "진리의 영이 오시면 그가 너희를 모든 진리 가운데로 인도하실 것이다."(요한복음 16:13) "보혜사, 곧 아버지께서 내 이름으로 보내실 성령께서, 너희에게 모든 것을 가르쳐주실 것이며, 또 내가 너희에게 말한 모든 것을 생각나게 하실 것이다."(요한복음 14:26) 이처럼 성령님은 우리로 하여금 죄를 깨닫고 회개하게 하심으로 우리를 거듭나게 하시며 구원의 길로 인도하십니다. 뿐만 아니라 성령님은 우리의 마음을 거룩하고 새롭게 변화시켜 새사람이 되게 하십니다. 그리하여 우리를 하나님의 나라로 이끄십니다.

"예수께서 대답하셨다. '내가 진정으로 진정으로 너에게 말한다. 누구든지 물과 성령으로 나지 아니하면, 하나님 나라에 들어갈 수 없다. 육에서 난 것은 육이요, 영에서 난 것은 영이다.'"(요한복음 3:5 – 6)

4) 우리에게 능력을 주십니다.

"오직 성령이 너희에게 임하시면 너희는 능력을 받고 예루살렘과 온 유대와 사마리아에서 그리고 마침내 땅끝에까지 이르러 내 증인 될 것이다."(사도행전 1:8)

5) 우리 안에 성령의 열매를 맺게 해주십니다.

성령님은 우리에게 기쁨과 소망과 평안을 주시며 아름다운 성령의 열매를 풍성하게 맺도록 일하십니다.

"하나님의 나라는 먹는 일과 마시는 일이 아니라, 성령 안에서 누리는 의와 평화와 기쁨입니다. 소망을 주시는 하나님께서, 믿음에서 오는 모든 기쁨과 평화를 여러분에게 충만하게 주셔서, 성령의 능력으로, 소망이 여러분에게 차고 넘치기를 바랍니다."(로마서 14:17, 15:13)

"성령의 열매는 사랑과 기쁨과 화평과 인내와 친절과 선함과 신실과 온유와 절제입니다. 이런 것들을 막을 법이 없습니다."(갈라디아서 5:22 - 23)

예수님은 성령님이 임하실 것을 약속해주셨습니다. "성령님을 너희에게 보낼 것인데 위로부터 능력을 입을 때까지 성에 유하라."(누가복음 24:49) 이렇게 약속하신 대로 성령님이 오셨습니다. 바로 오순절 성령강림의 역사입니다. "오순절이 되어서, 그들은 모두 한곳에 모여있었다. 그 때에 갑자기 하늘에서 세찬 바람이 부는 듯한 소리가 나더니, 그들이 앉아 있는 온 집안을 가득 채웠다. 그리고 불길이 솟아오를 때 혓바닥처럼 갈라지는 것 같은 혀들이 그들에게 나타나더니, 각 사람 위에 내려앉았다. 그들은 모두 성령으로 충만하게 되어서, 성령이 시키시는 대로, 각각 방언으로 말하기 시작하였다."(사도행

전 2:1 – 4)

놀라운 성령강림의 역사와 함께 예수님의 제자들은 성령님의 놀라운 능력을 힘입게 되었습니다. "약속하신 성령을 아버지께 받아서 너희 보고 듣는 이것을 부어주셨느니라."(사도행전 2:33) 성령님은 지금도 일하고 계십니다. 우리가 성령님을 바라고 사모하는 마음을 가지고 기도할 때 성령님은 우리와 함께하십니다.

2. 성령님이 함께하시면

성령님이 함께하시면 우리 삶에 다음과 같은 놀라운 변화가 일어납니다.

1) 하나님을 아버지로 부릅니다.

"여러분은 … 자녀로 삼으시는 영을 받았습니다. 그래서 우리는 그 영으로 하나님을 아빠, 아버지라고 부릅니다. 바로 그때에 그 성령이 우리의 영과 함께 우리가 하나님의 자녀임을 증언하십니다."(로마서 8:13 – 15) 예수님을 믿게 될 때 성령님을 통해 우리는 하나님의 자녀가 된 것입니다.

2) 하나님과의 관계가 자라고 깊어집니다.

성령님은 우리와 함께하시고, 우리 안에 계시면서 우리를 도와주심으로 우리가 하나님의 말씀을 이해하고 깨닫도록 도와주십니다. 그렇게 되면 우리는 하나님과 더욱 친밀한 관계를 가질 수 있습니다.

3) 예수님을 닮아갑니다.

성령님은 우리가 예수님을 닮아가도록 도와주십니다. 성령님이 우리의 마음과 생각을 새롭게 하시고 변화시키시며, 우리의 행동까지 새롭게 하십니다. 그러므로 우리는 성령님을 통하여 예수님을 닮은 사람이 되어 사랑의 사람, 평화의 사람, 기쁨의 사람, 자비의 사람, 충성된 사람, 온유한 사람으로 자라게 됩니다.

4) 은사를 받습니다.

은사라는 말은 '선물'이라는 뜻입니다. 이 선물은 누구든지 예수님을 믿으면 하나님이 예외 없이 주시는 '영적인 능력'입니다. 성령님은 우리에게 은사를 주셔서 우리가 은사를 가지고 바르고 힘차고 열매 맺는 신앙생활을 하도록 하십니다. 은사는 다양합니다. 성경에는 많은 은사가 언급되어 있습니다. 그 가운데는 사랑의 은사, 믿음의 은사, 지혜의 은사, 섬김의 은사, 리더십의 은사, 말씀의 은사, 치유의 은사와 같은 것들이 있습니다. 사도 바울이 고린도전서에서 말씀하신 성령의 은사에 관한 말씀을 읽어봅시다.

"은사는 여러 가지지만, 그것을 주시는 분은 같은 성령이십니다. 섬기는 일은 여러 가지지만, 섬김을 받으시는 분은 같은 주님이십니다. 일의 성과는 여러 가지지만, 모든 사람에게서 모든 일을 하시는 분은 같은 하나님이십니다. 각 사람에게 성령을 나타내 주시는 것은 공동 이익을 위한 것입니다. 어떤 사람에게는 성령을 통하여 지혜의 말씀을 주시고, 어떤 사람에게는 같은 성령을 따라 지식의 말씀을 주십니다. 어떤 사람에게는 같은 성령으로 믿음을 주시고, 어떤 사람에게는 같은 성령으로 병 고치는 은사를 주십니다. 어떤 사람에게는 기적을 행하는 능력을 주시고, 어떤 사람에게는 예언하는 은사를 주시고, 어떤 사람에게는 영을 분별하는 은사를 주십니다. 어떤 사람에게는 여러 가지 방언을 말하는 은사를 주시고, 어떤 사람에게는 그 방언을 통역하는 은사를 주십니다. 이 모든 일은 한 분이신 같은 성령이 하시며, 그는 원하시는 대로 각 사람에게 은사를 나누어주십니다. 몸은 하나이지만 많은 지체가 있고, 몸의 지체는 많지만 그들이 모두 한 몸이듯이, 그리스도도 그러하십니다."(고린도전서 12:4 - 12)

그리스도인은 하나님이 주신 은사를 가지고 교회와 세상에서 다양한 일을 합니다. 은사는 서로 섬김으로 그리스도의 몸인 교회를 바르고 건강하게 세우도록 주신 것입니다. 자신에게 주신 은사를 찾아서 열심히 기쁜 마음으로 교회의 다양한 사역에 참여하시기 바랍니다.

5) 믿음의 가족이 사랑으로 하나가 됩니다.

우리가 예수님을 믿고 성령님이 오심으로 하나님의 자녀가 되면, 우리는 믿음의 공동체 안에서 한 가족이 됩니다. 모든 부모가 그러하듯이 하나님도 모든 하나님의 자녀들이 하나가 되기를 원하십니다. 예수님은 십자가를 지시기 전에 제자들과 예수님을 따른 모든 사람들이 하나가 되기를 간절히 기도하셨습니다. 바울은 에베소 교회 성도들에게 "성령님이 그들을 평안의 띠로 묶어서 하나가 되게 해주신 것을 힘써 지키라."(엡 4:3)고 간곡히 부탁하였습니다.

모든 그리스도인들은 그들이 어디에 있든지, 어떤 교회에 다니든지, 어떤 나라, 인종, 배경… 에 상관없이 그 안에 같은 성령님을 모시고 있습니다. 모든 하나님의 자녀안에는 같은 성령님이 계시며, 하나님은 바로 성령님을 통해서 우리가 하나가 되기를 원하십니다.

"몸이 하나이요 성령이 하나이니… 주도 하나요 믿음도 하나요 세례도 하나요 하나님도 하나이시니 곧 만유의 아버지이시라. 만유 위에 계시고, 만유를 통일하시고 만유 가운데 계시도다."(엡 4:4 - 6)

성령님이 그 안에 살아계신다면 그 사람은 진정한 그리스도인이며 서로 형제이고 자매입니다. 성령님은 우리가 하나가 되게 하십니다. 우리는 성령님의 하나 되게 하심을 지키기 위해 항상 힘써야 합니다. 작은 모임이든 교회의 모임이든 지역교회의 모임이든 전 세계의 교회이든 이것은 매우 중요한 일입니다

3. 성령 충만한 삶

사도 바울은 "술에 취하지 마십시오. 거기에는 방탕이 따릅니다. 성령의 충만함을 받으십시오."(에베소서 5:18)라고 말씀하셨습니다. 그리스도인의 삶의 승리의 비결은 성령 충만함에 있습니다. 성령 충만함이란 성령님이 온전히 다스리시는 삶을 사는 것입니다. 그래서 성령님이 우리의 생각과 마음과 삶을 이끄시고 다스리시는 대로 순종하며 따르는 삶을 사는 것이 성령 충만한 삶입니다. "여러분은 성령께서 인도하여 주시는 대로 살아가십시오. 그러면 육체의 욕망을 채우려 하지 않을 것입니다."(갈라디아서 5:16) 우리는 그리스도인으로서 성령님이 우리를 다스리시고 일하시는 성령 충만한 삶을 살기 위해 다음과 같은 일에 힘써야 합니다.

1) 기도 생활에 힘쓰십시오.

제자들이 한곳에 모여 기도할 때에 놀라운 성령님의 역사가 일어났습니다. "오순절이 되어서, 그들은 모두 한곳에 모여있었다. 그 때에 갑자기 하늘에서 세찬 바람이 부는 듯한 소리가 나더니, 그들이 앉아 있는 온 집안을 가득 채웠다. 그리고 불길이 솟아오를 때 혓바닥처럼 갈라지는 것 같은 혀들이 그들에게 나타나더니, 각 사람 위에 내려앉았다. 그들은 모두 성령으로 충만하게 되어서, 성령이 시키시는 대로, 각각 방언으로 말하기 시작하였다."(사도행전 2:1 - 4) 뿐만 아니라, 이후에 박해가 시작되었지만 예수님의 제자들은 여전히 기도하는 일을 중요하게 여겼습니다. 기도할 때에 성령님이 임하시고 담대함을 주셨기 때문입니다. "그들이 기도를 마치니, 그들이 모여있는 곳이 흔들리고, 그들은 모두 성령으로 충만해서, 하나님의 말씀을 담대히 말하게 되었다."(사도행전 4:31)

"너희가 악할지라도 좋은 것을 자식에게 줄 줄 알거든 하물며 너희 천부께서 구하는 자에게 성령을 주시지 않겠느냐?"(누가복음 11:13)

그렇습니다. 구하는 자에게 성령을 주신다고 약속해주셨습니다. 하나님은 모든 좋은 것 주기를 기뻐하십니다. 성령님을 구하며 기도하는 사람에게 성령님의 은사가 주어집니다.

2) 말씀을 듣고 배우기고 행하기에 힘쓰십시오.

사도행전 10장에는 베드로가 예수 그리스도를 전하며 말씀을 선포하자 놀라운 일이 일어난 사실이 이렇게 기록되어 있습니다. "베드로가 이런 말을 하고 있을 때에, 그 말을 듣는 모든 사람에게 성령이 내리셨다."(사도행전 10:41) 말씀을 듣고 배우며, 말씀에 순종하는 삶에 성령님이 함께하십니다.

3) 예배와 찬양의 삶에 힘쓰십시오.

성령님은 성도들이 모여 예배하며, 하나님을 높이고 찬양하는 곳에 임하십니다. 모이는 일에 힘쓰는 것은 매우 중요합니다. 마치 불에 타오르는 장작불 더미에서 장작 하나를 꺼내 놓으면 불길이 작아지고 꺼지는 것과 같이, 성도는 모여서 예배하고 찬양하고 기도하는 자리에서 성령님의 충만하심을 입게 됩니다.

4) 말씀에 순종하며 회개하십시오.

베드로 사도는 이렇게 말씀합니다. "여러분은 회개하고 예수 그리스도의 이름으로 세례를 받아 죄 사함을 받으십시오. 그리하면 성령을 선물로 받을 것입니다."(사도행전 2:38) 죄를 버리고 온전히 순종하는 삶에 성령님이 함께하십니다. "우리는 이 일에 증인이요, 하나님이 자기를 순종하는 사람들에게 주신 성령도 그러하니라."(사도행전 5:32)

5) 성령님을 사모하십시오.

"명절 끝날 곧 큰 날에 예수께서 서서 외쳐 가라사대 누구든지 목마르거든 내게로 와서 마셔라. 나를 믿는 자는 성경에 이름과 같이 그 배에서 생수의 강이 흘러나리라 하시니 이는 그를 믿는 자의 받을 성령을 가리켜 말씀하신 것이라."(요한복음 7:37 - 39)

예수님을 믿는 우리의 삶에 성령충만함을 받기 위해서는 목마른 지외 같이 갈급힌 심령으로 사모해야 합니다. 산절함 마음으로 사모해야 합니다. "그러므로 나는 너희에게 말한다. 너희가 기도하면서 구하는 것은 무엇이든지 이미 그것을 받은 줄로 믿어라. 그리하면 너희에게 그대로 이루어질 것이다."(마가복음 11:24)

성령님 없이 복된 삶은 불가능합니다. 성령님 없이 은혜의 삶은 이어질 수 없습니다. 성령님 없는 능력의 삶은 없습니다. 언제나 성령님이 부어주시는 지혜와 능력과 소망으로 승리하는 복된 순례자의 삶이되기를 축복합니다.

4. 성령님이 함께 하심의 증거들

우리가 성령님을 받은 삶을 사는 증거들이 있습니다. 한 번 자신의 모습을 돌아보면서 성령님이 자신 안에서 이처럼 놀라운 일을 행하심을 감사하고 기뻐합시다.

1) 자신이 죄인임을 깨닫습니다.

"시몬 베드로가 이것을 보고, 예수의 무릎 앞에 엎드려서 말하였다. '주님, 나에게서 떠나주십시오. 나는 죄인입니다.'"(누가복음 5:8)

"그가 오시면, 죄와 의와 심판에 대하여 세상의 잘못을 깨우치실 것이다."(요한복음 16:8)

2) 예수님을 구세주로 믿게 됩니다.

"하나님의 영으로 말하는 사람은 아무도 '예수는 저주를 받아라.' 하고 말할 수 없고, 또 성령을 힘입지 않고서는 아무도 '예수는 주님이시다.' 하고 말할 수 없습니다."(고린도전서 12:3)

3) 하나님을 아버지라고 부릅니다.

"여러분은 또다시 두려움에 빠뜨리는 종살이의 영을 받은 것이 아니라, 자녀로 삼으시는 영을 받았습니다. 그래서 우리는 그 영으로 하나님을 '아빠, 아버지'라고 부릅니다."(로마서 8:15)

4) 성경의 말씀을 깨닫습니다.

"우리는 세상의 영을 받은 것이 아니라, 하나님에게서 오신 영을 받았습니다. 그것은, 하나님께서 우리에게 은혜로 주신 선물들을 우리로 하여금 깨달아 알게 하시려는 것입니다. 우리가 이 선물들을 말하되, 사람의 지혜에서 배운 말로 하지 아니하고, 성령께서 가르쳐주시는 말로 합니다. 다시 말하면, 신령한 것을 가지고 신령한 것을 설명하는 것입니다. 그러나 자연에 속한 사람은 하나님의 영에 속한 일들을 받아들이지 아니합니다. 그런 사람에게는 이런 일들이 어리석은 일이며, 그는 이런 일들을 이해할 수 없습니다. 이런 일들은 영적으로만 분별되기 때문입니다."(고린도전서 2:12 – 14)

5) 평화와 감사와 기쁨이 넘칩니다.

"육신에 속한 생각은 죽음입니다. 그러나 성령에 속한 생각

은 생명과 평화입니다."(로마서 8:6)

"하나님의 나라는 먹는 일과 마시는 일이 아니라, 성령 안에서 누리는 의와 평화와 기쁨입니다."(로마서 14:17)

"시와 찬미와 신령한 노래로 서로 화답하며, 여러분의 가슴으로 주님께 노래하며, 찬송하십시오."(에베소서 5:19)

6) 은사를 받아 주님의 몸을 섬깁니다.

"은사는 여러 가지지만, 그것을 주시는 분은 같은 성령이십니다. 섬기는 일은 여러 가지지만, 섬김을 받으시는 분은 같은 주님이십니다. 일의 성과는 여러 가지지만, 모든 사람에게서 모든 일을 하시는 분은 같은 하나님이십니다. 각 사람에게 성령을 나타내 주시는 것은 공동 이익을 위한 것입니다."(고린도전서 12:4 – 7)

7) 성령의 열매를 맺습니다.

"그러나 성령의 열매는 사랑과 기쁨과 화평과 인내와 친절과 선함과 신실과 온유와 절제입니다. 이런 것들을 막을 법이 없습니다."(갈라디아서 5:22 – 23)

제4과

복된 삶의 가이드 – 성경

우리가 어떤 가전제품이나 물건을 사면 그 안에는 그 제품을 어떻게 사용하는지에 관하여 자세하게 설명해주는 사용설명서기 들이 있습니다. 사용설명서를 보면서 우리는 그 제품을 사용하는 방법, 유지하는 방법, 문제가 생겼을 때에 처치하는 방법 등을 알 수 있습니다. 이와 같이 하나님의 자녀들에게는 하나님께서 우리를 지으신 목적대로 바르게 살며, 행복한 삶을 살도록 가르쳐주는 '인생사용 설명서'가 있습니다. 그 설명서가 곧 성경입니다. 성경은 진리와 생명의 길을 가도록 안내해 주는 행복한 삶의 지도입니다.

세상에는 많은 책들이 있습니다. 하루에도 수많은 책들이 새로 출판됩니다. 그 많은 책들은 나름대로 중요한 정보와 내용을 담고 있습니다. 어떤 책들은 오랜 세월 동안 사람들에게 사랑을 받으며 고전이 되기도 합니다. 그런데 세상에 있는 모든 책들 보다 더 중요한 한 권의 책이 있습니다. 그것이 바로 성경입니다. 여러분 중에는 교회에 다니기 전에 이미 성경을 읽어본 분도 계실 것입니다. 때로는 교양을 위해서 성경을 읽는 분도 있습니다. 그러나 예수님을 믿고 하나님의 자녀가 된 우리들에게 성경은 고전이나 교양서나 도덕적인 가르침을 주는 교훈서 이상의 책이며 성경은 기독교의 경전입니다.

1. 성경은 하나님의 말씀입니다.

성경이 다른 모든 책들과 다르며 중요한 이유는 성경이 하나님의 말씀이라는 사실에 있습니다. 성경은 진리요 생명이신 예수님을 보여주시고, 예수님을 믿어 하나님의 자녀가 된 우리에게 주시는 하나님의 말씀입니다. 물론 성경은 사람에 의해서 기록되었습니다. 그러나 성경을 기록한 사람은 자기의 사상이나 생각을 마음대로 기록한 것이 아닙니다. 하나님께서 그 사람을 통하여 하나님의 마음과 뜻과 계획을 기록하게 하신 것입니다. 이 사실이 예레미야서에는 이렇게 기록되어 있습니다. "주께서 예레미야에게 말씀하셨다. '주 이스라엘의 하나님이 말한다. 너는 내가 너에게 한 말을 모두 책에 기록하여라.'"(예

레미야 30:1-2)

　자, 성경책을 꺼내서 살펴볼까요? 성경은 구약과 신약으로 이루어져 있는데 구약에는 39권, 신약에는 27권이 있습니다. 그러므로 성경은 모두 66권의 작은 책들로 이루어져 있습니다. 구약(舊約)과 신약(新約)은 각각 '옛 약속'과 '새 약속'이라는 뜻입니다. 성경의 작은 책의 이름을 한 번 훑어봅시다. 66권의 작은 책들은 1,500여년에 걸쳐서 40여명의 사람들이 히브리어, 그리스어(헬라어)로 기록한 것입니다. 성경 66권은 모두 1,189장(구약 929장, 신약 290장)으로 이루어져 있으며, 모두 31,173절(구약 23,214절, 신약 7,959절)로 구성되어 있습니다.

　그런데 66권의 모든 책들은 놀랍게도 일관된 주제와 초점을 가지고 있으며, 서로 온전한 조화를 이루어 한 책을 이루고 있습니다. 마치 한 사람이 기록하였듯이 전체를 관통하는 메시지가 담겨져 있습니다. 성경은 사람이 자신의 사상을 기록한 것이 아니라, 하나님의 말씀을 기록한 것이며, 하나님의 영감을 받아 기록한 것이기 때문입니다. 따라서 성경의 진정한 저자는 하나님이십니다.

　이 성경에는 복된 삶에 필요한 하나님의 모든 말씀이 담겨져 있습니다. 사도 바울은 성경에 대해 이렇게 말씀합니다. "모든 성경은 하나님의 영감으로 된 것으로, 교훈과 책망과 바르게 함과 의로 교육하기에 유익합니다. 그것은 하나님의 사람으로 하여금 유능하게 하고, 온갖 선한 일을 할 준비를 갖추게 하려는 것입니다."(디모데후서 3:16 - 17)

2. 성경은 생명의 양식입니다.

우리의 육체는 음식을 섭취하여 양분을 얻음으로 생명을 유지합니다. 이와 같이 하나님의 자녀들이 영혼을 위해 먹어야 할 양식이 곧 하나님의 말씀입니다.

"사람이 빵으로만 살 것이 아니라 하나님의 입에서 나오는 모든 말씀으로 살 것이다."(신명기 8:3, 마태복음 4:4)

우리의 영혼이 건강하려면 하나님의 말씀을 잘 먹어야 합니다. 예언자 예레미야는 이렇게 고백합니다. "만군의 주 하나님, 저는 주님의 이름으로 불리는 사람입니다. 주님께서 저에게 말씀을 주셨을 때에, 저는 그 말씀을 받아먹었습니다. 주님의 말씀은 저에게 기쁨이 되었고, 제 마음에 즐거움이 되었습니다."(예레미야 15:16) 말씀을 받아서 먹는다는 것은, 말씀을 마음에 잘 받아들이고, 믿고 깨달아서 그 말씀대로 사는 것을 말합니다. 성경은 우리에게 하나님이 어떤 분이신지를 가르쳐 줍니다. 성경은 우리에게 예수 그리스도에 관하여 증거합니다. 성경은 우리에게 진리의 길을 보여줍니다. 성경은 우리에게 복된 삶을 위한 지혜를 줍니다. 성경에는 새로운 생명의 능력이 있습니다. 많은 사람들이 그 능력으로 변화되어 복되고 새로운 삶을 살고 있습니다.

유명한 소설 「벤허」를 쓴 월레스는 무신론자였습니다. 그는 기독교는 거짓이며 인류에 해악을 끼치는 무익한 종교라고 믿었습니다. 그러던 어느 날 그의 친구인 밥 잉거졸이 예수의 생애를 바탕으로 로맨스 소설을 쓰면 인기가 있지 않겠느냐고 제안하는 말에 흥미를 느껴 소설을 쓰기 위해 성경과 예수님에 관한 자료를 찾아 읽기 시작했습니다. 그런데 놀랍게도 그는 성경을 읽으면서 살아계신 예수님을 만났으며, 십자가 앞에 무릎을 꿇었습니다. 그는 이렇게 말했습니다. "나는 예수님에 관한 이야기를 발견했을 뿐만 아니라, 그것을 통해 예수님을 내 안에 모시게 되었습니다." 월레스는 성경을 통해 멋신 인생으로 변화되었던 것입니다. 그가 변화된 후 쓴 책이 바로 '벤허' 였습니다.

3. 성경이 기록된 목적

하나님께서 우리에게 성경을 주신 목적이 있습니다. 그 가운데 몇 가지 중요한 것을 찾아보면 다음과 같습니다.

1) 성경은 우리에게 구원의 지혜를 줍니다.

"그대는 어려서부터 성경을 알고 있습니다. 성경은 그리스도 예수를 믿는 믿음으로 말미암아, 구원에 이르는 지혜를 그대에게 줄 수 있습니다."(디모데후서 3:15)

하나님은 죄로 인하여 사망 선고를 받은 인생에게 성경을 통하여 생명과 구원의 길을 보여주십니다. 구원의 길이란 바로 예수님을 믿어 영생을 얻는 길입니다. 성경은 바로 이 목적을 위해 기록되었습니다.

"여기에 기록한 목적은 여러분으로 하여금 예수가 그리스도요 하나님의 아들이심을 믿게 하고, 또 그렇게 믿어서 그의 이름으로 생명을 얻게 하려는 것입니다."(요한복음 20:31)

2) 성경은 하나님의 사랑을 깨닫고 하나님의 뜻을 알게 합니다.

성경에는 하나님의 사랑과 마음과 뜻이 담겨 있습니다. 성경은 하나님의 영이 감동하심으로 기록된 하나님의 말씀이기 때문입니다.

"사랑하는 여러분, 서로 사랑합시다. 사랑은 하나님에게서 난 것입니다. 사랑하는 사람은 다 하나님에게서 났고, 하나님을 압니다. 사랑하지 않는 사람은 하나님을 알지 못합니다. 하나님은 사랑이시기 때문입니다. 하나님의 사랑이 우리에게 이렇게 드러났으니, 곧 하나님이 자기 외아들을 세상에 보내주셔서 우리로 하여금 그로 말미암아 살게 해주신 것입니다. 사랑은 이 사실에 있으니, 곧 우리가 하나님을 사랑한 것이 아니라, 하나님이 우리를 사랑하셔서, 자기 아들을 보내어 우리의 죄를 위하여 화목제물이 되게 하신 것입니다."(요한1서 4:7-10)

"하나님의 뜻은 여러분이 성결하게 되는 것입니다."(데살로니가전서 4:3)

"항상 기뻐하십시오. 끊임없이 기도하십시오. 모든 일에 감사하십시오. 이것이 그리스도 예수 안에서 여러분에게 바라시는 하나님의 뜻입니다."(데살로니가전서 5:16 - 18)

3) 성경은 신앙을 성숙하게 합니다.

성경은 우리가 구원을 얻는 것으로 그치는 것이 아니라, 계속해서 신앙이 자라게 하려고 주신 말씀입니다. 신앙이 자란다는 것은 지식이 많아지는 것이 아니라 삶이 변하고, 하나님과 친밀한 삶을 살며, 하나님의 음성을 듣고, 하나님이 원하시는 선하고 거룩한 일을 행하는 것입니다. 그것은 곧 예수님을 닮아가는 것입니다. 성경은 우리에게 하나님과 하나님의 뜻을 알게 해주며, 그 뜻에 따라 우리가 신앙적으로 성숙하는 방법과 능력을 제공해줍니다.

"모든 성경은 하나님의 영감으로 된 것으로, 교훈과 책망과 바르게 함과 의로 교육하기에 유익합니다. 그것은 하나님의 사람으로 하여금 유능하게 하고, 온갖 선한 일을 할 준비를 갖추게 하려는 것입니다."(디모데후서 3:16 - 17)

4. 성경을 잘 아는 방법이 있을까요?

우리가 성경을 바로 알고 깨닫기 위해서는 다음과 같은 방법이 좋습니다. 다음에 설명하고 있는 각각의 방법을 구체적으로 삶에 적용할 때 놀라운 일들이 우리에게 일어날 것입니다.

1) 잘 들어야 합니다.

"그러므로 믿음은 들음에서 생기고, 들음은 그리스도를 전하는 말씀에서 비롯됩니다."(로마서 10.17) 예배 시간에 설교를 집중해서 듣고 믿음으로 받아들일 때 놀라운 진리를 깨달을 수 있습니다.

2) 잘 읽어야 합니다.

"이 예언의 말씀을 읽는 사람과 듣는 사람들과 그 안에 기록되어 있는 것을 지키는 사람들은 복이 있습니다."(요한계시록 1:3) 매일 조금씩이라도 규칙적으로 말씀을 읽는 습관을 키우는 것이 매우 좋습니다.

3) 공부해야 합니다.

"베뢰아의 유대 사람들은 데살로니가의 유대 사람들보다 더 고결한 사람들이어서, 아주 기꺼이 말씀을 받아들이고, 그것이 사실인지 알아보려고 날마다 성경을 연구하였다."(사도행전 17:11) 성경은 우리와 다른 문화권에서 우리가 모르는 언어로 오래전에 기록되었기 때문에 때로는 공부하는 것이 필요합니다.

4) 암송해야 합니다.

"내가 주님께 범죄하지 않으려고, 주의 말씀을 내 마음속에 깊이 간직합니다."(시편 119:11)

"내가 주님의 법을 얼마나 사랑하는지, 온종일 그것만을 깊이 생각합니다."(시편 119:97)

성경의 구절을 암송하면 그 구절이 내 안에 살아있어서 신앙 생활을 위한 용기와 소망과 확신과 기쁨을 줍니다. 또한 필요한 상황에서 적절한 하나님의 지혜를 얻게 됩니다.

5) 묵상해야 합니다.

"복 있는 사람은 악인의 꾀를 따르지 아니하며, 죄인의 길에 들어서지 아니하며, 오만한 자들의 자리에 함께 앉지 아니하며, 오로지 주의 율법을 즐거워하며, 밤낮으로 율법을 묵상하는 사람이다."(시편 1:1-2)

묵상한다는 것은 소나 양처럼 되새김질을 하는 것을 말합니다. 성경이 짧은 구절이나 내용을 깊이 생각하고, 되새겨봄으로 성경에 담긴 진리를 맛보게 됩니다.

6) 잘 지켜야 합니다.

"젊은이가 어떻게 해야 그 인생을 깨끗하게 살 수 있겠습니까? 주님의 말씀을 지키는 길, 그 길 뿐입니다."(시편 119:9)

성경의 말씀을 실제적으로 실천하고 행할 때 말씀의 능력이 나타납니다. 말씀은 지키는 것이 가장 중요합니다. 하나님의 말씀에 순종하며 말씀대로 살아가는 삶이 진정한 그리스도인의 삶입니다.

신구약 성경의 구성

구약 39권			
율법서(5권)	역사서(12권)	예언서(17권)	시가서(5권)
창세기	여호수아	이사야	욥기
출애굽기	사사기	예레미야	시편
레위기	룻기	예레미야애가	잠언
민수기	사무엘상	에스겔	전도서
신명기	사무엘하	다니엘	아가
	역대상	호세아	
	역대하	요엘	
	에스라	아모스	
	느헤미야	오바댜	
	에스더	요나	
		미가	
		나훔	
		하박국	
		스바냐	
		학개	
		스가랴	
		말라기	

신약 27권			
복음서(4권)	바울서신(13권)	일반서신(8권)	예언서(1권)
마태복음	로마서	히브리서	요한계시록
마가복음	고린도전서	야고보서	
누가복음	고린도후서	베드로전서	
요한복음	갈라디아서	베드로후서	
	에베소서	요한일서	
역사서(1권)	빌립보서	요한이서	
	데살로니가전서	요한삼서	
사도행전	데살로니가후서	유다서	
	디모데전서		
	디모데후서		
	디도서		
	빌레몬서		

● 성경책에 나와 있는 구약전서와 신약전서의 차례에는 성
경 66권 각 책의 약자가 나와 있습니다. 예를 들면, 창세
기는 '창'으로 마태복음은 '마'로 되어 있습니다. 약자를 잘
익히시면 신앙서적이나 글을 읽을 때 큰 도움이 됩니다.

제5과

복된 삶의 대화 – 기도

"소망을 품고 즐거워하며, 환난을 당할 때에 참으며, 기도를 꾸준히 하십시오."(로마서 12:12)

모든 종교에는 기도가 있습니다. 기독교에도 기도가 있습니다. 기독교의 기도는 유일한 기도의 대상이 되시는 창조주이시며 전능자이신 하나님을 향한 기도입니다. 감리교의 창시자인 요한 웨슬리 목사님은 "천국은 기도의 무릎으로 올라간다."고 하였으며, 종교개혁자 마틴 루터는 "기도 없이 그리스도인이 되려는 것은 숨을 쉬지 않고 살아가는 것과 같다."고 하였습니다. 그만큼 기도는 신앙생활에서 매우 중요합니다. 5과에서는 기도에 관해서 공부합니다. 기도는 무엇인지, 기도는 어떻게 하는지, 어떤 기도가 있는지 함께 살펴봅시다.

1. 기도란 무엇인가?

1) 하나님과의 친밀한 사귐의 대화입니다.

사도 요한은 "그를 맞아들인 사람들, 곧 그 이름을 믿는 사람들에게는, 하나님의 자녀가 되는 특권을 주셨다."(요한복음 1:12)라고 말씀하셨습니다. 그러므로 하나님의 자녀인 성도들은 자녀의 특권을 가지고 아버지이신 하나님과 친밀한 교제의 관계를 가질 수 있습니다. 바로 그 사귐의 대화가 기도입니다. 보통 사람은 대통령과 통화를 한 번 하는 것조차 불가능할 것입니다. 그러나 대통령에게 자녀가 있다면 그 자녀는 언제나 자유롭게 대통령과 대화를 할 수 있습니다. 그것이 자녀의 특권입니다. 이처럼 기도는 하나님의 자녀의 특권을 가지고 하나님과 친밀한 관계를 나누고 누리는 대화입니다.

2) 영혼의 호흡입니다.

사도 바울은 "끊임없이 기도하십시오."(데살로니가전서 5:17)라고 말씀하셨습니다. 기도를 쉬지 말라는 뜻입니다. 기도는 영혼의 호흡이기 때문입니다. 우리는 기도를 통하여 우리의 영이 하나님과 대화를 나누며 하나님을 만납니다. 우리는 이 만남을 통하여 새로운 힘과 생명을 얻습니다. 하나님은 생명이시기 때문입니다. 호흡을 멈추면 죽는 것과 마찬가지로 기도가 멈추는 것은 영이 죽는 것입니다. 물론 여기서 쉬지 않고 기도한다는 것은 문자적으로 온종일 일도 하지 않고 기도만 하라는 것은 아닙니다. 지속적으로 하나님과 깊은 관계를 유지함으로 우리의 영이 살아있어야 한다는 것입니다.

3) 우리가 하나님의 자비와 은혜와 도우심을 받는 길입니다.

우리는 기도를 통하여 하나님께 우리의 마음의 열망과 소원과 간절히 바라는 것을 표현할 수 있습니다. 하나님은 우리의 기도를 들으시기 때문입니다. 그러므로 우리는 모든 일을 기도를 통하여 해야 합니다. 우리는 무슨 일을 만나든지 염려하거나 두려워하지 말고 하나님께 기도함으로 풀어갈 수 있습니다.

"아무것도 염려하지 말고 모든 일을 오직 기도와 간구로 하고 여러분이 바라는 것을 감사하는 마음으로 하나님께 아뢰십시오. 그리하면 사람의 헤아림을 뛰어넘는 하나님의 평화가 여러분의 마음과 생각을 그리스도 예수 안에서 지켜줄 것입니다."(빌립보서 4:6-7)

하나님은 우리의 기도에 응답하여 주십니다.

"구하라 그리하면 하나님께서 너희에게 주실 것이다. 찾아라, 그리하며 너희가 찾을 것이다. 문을 두드려라, 그리하면 하나님께서 너희에게 열어주실 것이다."(마태복음 7:7 - 8)

우리는 하나님이 응답하신다는 확신과 믿음으로 기도하고, 우리가 믿음으로 기도할 때 하나님은 우리의 기도를 들으심을 신뢰해야 합니다.

2. 어떻게 기도해야 할까요?

유일한 기도의 방법이 있는 것은 아닙니다. 그러나 다음의 방법은 가장 쉬우면서도 성경적인 기도의 방법이 될 것입니다. 이 방법을 따라 하면 당신도 쉽게 기도할 수 있을 것입니다.

1) 하나님을 찬양하십시오. (Adoration)

기도를 시작할 때에는 먼저 하나님을 부릅니다. '사랑의 하나님.' '하나님 아버지.' 아니면 단순히 '하나님!' 하면서 하나님을 부릅니다. 이것은 기도의 대상을 밝히는 것입니다. 주님의 기도도 그렇게 시작됩니다. "하늘에 계신 우리 아버지, 이름이 거룩히 여김을 받으시오며…"(마태복음 6:9)

하나님의 이름을 부른 후에는 먼저 하나님을 찬양합니다. 이 것은 하나님을 향한 나의 사랑을 표현하는 것입니다. 또한 하 나님의 위대하심, 하나님의 거룩하심, 하나님의 전능하심, 하 나님의 자비하심, 하나님의 지혜로우심 등 무엇이든지 하나님 의 성품에 대해 내 마음에 감동이 오는 대로, 내 마음에 떠오 르는 좋은 생각으로 하나님을 찬양하는 것입니다. 예를 들면, '사랑의 하나님, 하나님의 크신 은혜와 사랑을 찬양합니다.'와 같이 기도합니다.

2) 죄를 고백하십시오. (Confession)

다음으로 우리는 우리의 죄를 고백합니다. 죄의 고백을 해 야 하는 이유는 죄는 우리와 하나님 사이를 멀리 떨어지게 만 들고, 하나님과 우리 사이에 담을 쌓아서 우리가 하나님과 바 르고 친밀한 대화를 불가능하게 만들기 때문입니다. 그러므로 하나님께 깊고 진실한 기도가 되기 위해서 먼저 죄를 고백해야 합니다. 용서를 구하는 기도는 다음과 같은 단계로 진행됩니다. 먼저 성령님께서 모든 죄를 깨닫게 해주시기를 기도합니다. '성령님 이 시간 저의 마음을 밝혀 주셔서 저의 더럽고 그릇된 것들을 깨닫게 하여 주옵소서.' 혹은 이미 자신의 죄와 잘못이 드러나고 떠오르는 것이 있을 것입니다. 그러면 바로 그것을 가지고 주님께 나아가면 됩니다.

이제는 자신의 마음에 떠오르는 모든 죄를 구체적으로 고백합니다. 경우에 따라서는 지은 죄에 대해 단지 하나님께 기도하는 것으로 끝나는 것이 아니라, 상대방에게 용서를 구하거나 배상을 해야 할 경우가 생길수도 있습니다.

죄를 고백하는 기도를 한 후에는 하나님께서 나를 용서해주셨음을 믿음으로 받아들이십시오. 죄는 하나님과 우리 사이의 관계를 단절 시킵니다. 그러므로 우리는 항상 죄를 고백해야 합니다. 이미 앞에서 보았듯이 우리가 우리의 죄를 고백하면 하나님은 무슨 죄든지 용서하여 주십니다.

"자기의 죄를 숨기는 사람은 잘 되지 못하지만, 죄를 자백하고 그것을 끊어버리는 사람은 불쌍히 여김을 받는다."(잠언 28:13)

"우리가 우리 죄를 자백하며 하나님은 신실하시고 의로우신 분이셔서 우리 죄를 깨끗하게 해주실 것입니다."(요한1서 1:9)

3) 감사하십시오. (Thanksgiving)

이번에는 하나님께 대한 감사를 표현합니다. 이것은 하나님께서 나에게 행하신 구체적인 일들에 대해 감사하는 것입니다. 예를 들면, '제 아들이 속히 회복되게 해주셔서 감사합니다.' '저에게 용기를 주셔서 고맙습니다.' 혹은 '교회에 다닐 수 있게 해주셔서 감사합니다.'라고 기도하는 것입니다. 우리 삶을 돌아보면 감사할 조건들이 많이 있음을 발견할 것입니다. 무엇이든지 하나님께 감사를 표현할 때 하나님은 우리의 감사 기도를 기뻐하십니다. 예수님을 따르는 그리스도인의 삶의 특징은 감사입니다. 감사의 눈과 마음을 가지면 우리에게 감사할 수많은 이유가 떠오를 것입니다. 감사는 우리에게 기쁨과 평화와 용기와 강건함을 주는 은혜의 길입니다.

"감사의 노래를 드리며, 그 성문으로 들어가거라. 찬양의 노래를 부르며 그 뜰 안으로 들어가거라. 감사의 노래를 드리며, 그 이름을 찬양하여라."(시편 100:4)

4) 간절히 구하십시오. (Supplication)

우리는 하나님께 무엇이든 구할 수 있습니다. 우리가 기도하지 못할 내용은 없습니다. 그러나 중요한 것은 우리가 하나님의 뜻에 따라 기도하기에 힘써야 한다는 것입니다.

"그를 향하여 우리의 가진 바 담대한 것이 이것이니 그의 뜻대로 무엇을 구하면 들으심이라."(요한1서 5:14)

예수님이 가르쳐주신 기도의 본이 되는 주기도문에서도 하나님의 뜻과 나라를 위해 기도함을 보여주셨습니다. "나라가 임하옵시며 뜻이 하늘에서 이룬 것 같이 땅에서도 이루어지이다."(마태복음 6:10)

"너희는 먼저 하나님의 나라와 하나님의 의를 구하여라. 그리하면 이 모든 것을 너희에게 더하여 주실 것이다."(마태복음 6:33)

또한 우리는 모든 필요를 위해 기도합니다. 무엇이든 구할 수 있습니다. 육체적 정신적 영적인 모든 필요와 도우심을 구할 수 있습니다. 또한 우리가 사탄의 시험에 빠지지 않도록 하나님의 영적인 보호를 위해서도 기도합니다.

"여러분이 얻지 못하는 것은 구하지 않기 때문이요."(야고보서 4:2)

"우리를 시험에 들지 않게 하시고 악에서 구하여 주십시오."(마태복음 6:13)

5) 다른 사람들을 위해 구하십시오. (Intercession)

"나는 무엇보다도 먼저 모든 사람을 위해서 하나님께 간구와 기도와 중보 기도와 감사 기도를 드리라고 권합니다."(디모데전서 2:1)

우리가 우리 자신만을 위해 기도하는 것은 이기적이고 편협한 기도입니다. 우리가 누군가 다른 사람을 위해서 기도할 때 하나님이 기뻐하십니다. 다른 사람을 위한 기도를 가리켜 '중보기도'라고 합니다. 성경은 중보기도를 하라고 말씀하셨습니다. 뿐만 아니라 요한복음 17장에는 예수님이 제자들을 위해 하신 중보의 기도가 있습니다. 예수님은 제자들이 세상의 유혹과 악으로부터 보호받기 위해서, 주님의 기쁨이 충만하도록, 진리로 거룩해지도록, 주님을 증거하는 삶을 살도록, 제자들이 서로 하나가 되도록, 하나님의 사랑을 증거하도록 제자들을 위해 중보의 기도를 하셨습니다. 그리스도인은 자신과 교회와 사회와 민족과 세계의 평화를 위해서도 기도해야 합니다.

6) 예수님의 이름으로 하십시오. (In Jesus' name)

기도를 마무리하는 형식은 기도의 맨 마지막에 "예수님의 이름으로 기도합니다."라고 말하는 것입니다. '예수님의 이름'은 하나님께로 나아가는 약속 있는 능력을 가지고 있습니다. 주님은 예수님의 이름으로 구할 때에 응답해주신다고 말씀하셨습니다.

"너희가 내 이름으로 구하는 것은 내가 무엇이든지 다 이루어주겠다. 이것은 아들로 말미암아 아버지께서 영광을 받으시게 하려는 것이다. 너희가 무엇이든지 내 이름으로 구하면 다 이루어주겠다."(요한복음 14:13 - 14)

7) 아멘 (Amen)

기도가 다 끝난 후에는 '아멘'으로 기도를 마무리합니다. '아멘'이라는 말은 '그렇게 되기를 바랍니다.' 혹은 '전적으로 동의합니다.'라는 뜻입니다. 그러므로 기도를 '아멘'으로 마무리하는 것은 '지금까지 기도한 내용이 이루어지기를 바랍니다.'라는 뜻을 표현하는 것입니다. 뿐만 아니라, '아멘'은 예배 시간이나 평소에도 그리스도인들이 공감을 표현할 때에 자주 사용하는 표현이기도 합니다.

"하나님의 모든 약속은 그리스도 안에서 '예'가 됩니다. 그러므로 그리스도로 말미암아 우리는 '아멘'하면서 하나님께 영광을 돌립니다."(고린도후서 1:20)

3. 기도힐 때의 자세와 마음

1) 성령님 안에서 합니다.

"온갖 기도와 간구로 언제나 성령 안에서 기도하십시오."(에베소서 6:18)

'성령님 안에서 기도하는 것'은 성령님을 의지하고 성령님의 도우심으로, 성령님의 인도하심을 따라 기도하는 것을 말합니다.

2) 욕심을 채우려고 해서는 안 됩니다.

"구하여도 얻지 못하는 것은 자기가 쾌락을 누리는 데에 쓰려고 잘못 구하기 때문입니다."(야고보서 4:3)

하나님과 대화하는 거룩한 대화인 기도는 결코 욕심을 채우기 위한 수단이 될 수 없습니다. 더 나아가 남을 저주하거나 욕되게 하는 것을 구하는 것도 바른 기도가 아닙니다.

3) 하나님의 뜻을 따라 합니다.

"우리가 하나님에 대하여 가지는 담대함은 이것이니, 곧 무엇이든지 우리가 하나님의 뜻을 따라 구하면, 하나님은 우리의 청을 들어주신다는 것입니다."(요한1서 5:14)

하나님의 뜻을 따라 구하는 기도를 하기 위해서는 하나님의 뜻을 잘 알려주는 하나님의 말씀인 성경을 읽고 묵상하는 것이 중요합니다. 성경에는 하나님의 뜻과, 우리에게 주시는 하나님의 약속이 담겨 있습니다.

4) 의심하지 않고 믿음으로 합니다.

"조금도 의심하지 말고 믿고 구해야 합니다."(야고보서 1:6)

하나님은 우리의 기도를 들으십니다. 하나님의 자녀의 기도
에 응답해주심을 믿고 기도해야 합니다.

5) 인내함으로 합니다.

"예수께서 제자들에게 늘 기도하고 낙심하지 말아야 한다는
뜻으로 비유를 하나 말씀하셨다."(누가복음 18:1)

우리는 기도할 때에 즉각적인 응답이 없다고 낙심하지 말아
야 합니다. 인내함으로 기도하는 것이 매우 중요합니다.

6) 용서와 사랑과 축복의 마음으로 합니다.

"기도할 때에 어떤 사람과 서로 등진 일이 있으면 용서하여
라."(마가복음 11:25)

7) 진실한 마음으로 솔직하게 합니다.

"너희는 기도할 때에 위선자들처럼 하지 말아라."(마태복음 6:5)

4. 여러 가지 기도를 아시나요?

기도에는 시간, 장소, 표현 방법 등에 따라 많은 종류가 있습니다. 우리는 상황과 필요에 따라 다양한 방법으로 기도할 수 있습니다. 자신에게 가장 좋은 기도의 방법을 찾아보십시오. 뿐만 아니라 자신에게 어색한 기도라도 새롭게 시도해보십시오. 모든 기도는 하나님의 놀라운 은혜를 누리는 길이 됩니다.

1) 합심기도/통성기도

"땅에서 너희 가운데 두 사람이 합심하여 무슨 일이든지 구하면, 하늘에 계신 내 아버지께서 그들에게 이루어주실 것이다."(마태복음 18:19)

합심기도는 때로는 큰 소리로 기도하기도 하며(통성기도), 낮은 소리로 기도할 수도 있습니다. 중요한 것은 여러 성도들이 한 마음으로 함께 기도한다는 것입니다. 하나님은 우리가 함께 기도하는 것을 기뻐하십니다.

2) 금식기도

"예수께서 밤낮 사십 일을 금식하시니 시장하셨다."(마태복음 4:2)

금식기도는 기독교 역사에서 중요한 영성의 삶의 수단이었습니다. 절대적으로 하나님께 우리 자신의 생명과 존재를 의지하며 헌신과 결단으로 주님 앞에 무릎을 꿇는 금식기도를 통해 하나님의 능력이 나타납니다.

3) 새벽기도 및 철야기도

"아주 이른 새벽에 예수께서 일어나서 외딴 곳으로 나가셔서 거기에서 기도하고 계셨다."(마가복음 1:35)

"예수께서 기도하려고 산으로 떠나가서 밤을 새우면서 하나님께 기도하셨다."(누가복음 6:12)

새벽기도나 밤 기도는 기도의 시간과 관계되어 있습니다. 예수님은 이른 새벽에 기도하시거나, 밤을 새우면서 기도하기도 하셨습니다. 우리 교회는 매일(월~금) 오전 5:30에 새벽기도회(예배)를 드립니다. 30분 정도의 공공의 예배 시간이 있으며, 이후에는 개인적으로 자유롭게 기도하는 시간을 가집니다. 한국의 교회에서는 대체로 금요일 밤에 교회의 모든 성도들이 함께 모여 기도하는 예배와 모임의 전통이 있습니다. 우리 교회에서도 매주 금요일 오후 9시에 모여 찬양과 말씀과 기도의 열정적인 시간을 가집니다. 성령님의 충만하심과 기도의 뜨거움이 넘치는 예배입니다. 매월 마지막 금요일에는 공예배로 모이지 않고, 식구들이 모여 다양한 가족의 시간을 가지며 가정예배를 드립니다.

4) 침묵기도

침묵기도는 기도의 음성을 소리 내어 말하지 않고 침묵으로 기도하는 것입니다. 때때로 침묵의 기도는 우리의 영이 하나님과 더욱 깊고 친밀한 세계로 나아가는 기도가 됩니다.

이 외에도 말씀기도, 방언기도, 화살기도, 산상기도 등 다양한 기도의 방법이 있습니다. 우리는 기독교 전통에서 나타난 많은 기도의 방법에 대해 한 가지 방법만 고집할 필요는 없습니다. 중요한 것은 우리가 기도해야 한다는 것이며, 더욱 중요한 것은 우리가 더욱 기도해야 한다는 것입니다.

5. '주님의 기도'(주기도문)

성경에는 예수님께서 기도의 본을 보여주신 주기도문이 있습니다. 이 기도를 가리켜 '주님의 기도'(주기도문)라고 부릅니다. 주기도문은 마태복음과 누가복음에 나오는데 우리가 사용하는 주기도문은 마태복음의 내용과 동일합니다. 주기도문을 외우는 것은 신앙생활에 매우 유익합니다. 예배 중에 주기도문을 외울 때도 종종 있습니다. 대부분의 찬송가와 성경책의 내지에 주기도문과 사도신경이 인쇄되어 있습니다. 전통적으로 외우던 것과 새 번역으로 새롭게 개정된 두 가지가 있습니다. 우리 교회에서는 공적인 예배 시간에는 새 번역의 주기도문과 사도신경을 사용합니다. 잘 외우고 암송하여 더욱 복된 신앙생활을 하시기 바랍니다.

「주님의 기도」

하늘에 계신 우리 아버지
아버지의 이름을 거룩하게 하시며
아버지의 나라가 오게 하시며
아버지의 뜻이 하늘에서와 같이
땅에서도 이루어지게 하소서
오늘 우리에게 일용할 양식을 주시고
우리가 우리에게 잘못한 사람을 용서하여 준 것 같이
우리 죄를 용서하여 주시고
우리를 시험에 빠지지 않게 하시고
악에서 구하소서.
나라와 권능과 영광이
영원히 아버지의 것입니다. 아멘.
(마태복음 6:9 – 13)

「사도신경」

나는 전능하신 아버지 하나님, 천지의 창조주를 믿습니다.
나는 그의 유일하신 아들, 우리 주 예수 그리스도를 믿습니다.
그는 성령으로 잉태되어 동정녀 마리아에게서 나시고,
본디오 빌라도에게 고난을 받아 십자가에 못 박혀 죽으시고,
장사된 지 사흘 만에 죽은 자 가운데서 다시 살아나셨으며,
하늘에 오르시어 전능하신 아버지 하나님 우편에 앉아 계시다가,
거기로부터 살아있는 자와 죽은 자를 심판하러 오십니다.
나는 성령을 믿으며, 거룩한 공교회와 성도의 교제와
죄를 용서받는 것과 몸의 부활과 영생을 믿습니다. 아멘.

제6과

복된 삶의 예전 – 예배

1. 예배란 무엇인가?

　예배는 기독교 신앙의 가장 중요하고 핵심적인 행위입니다. 기독교의 예배는 기독교 신앙공동체를 다른 모임과 구별하는 가장 중요한 특징입니다. 우리는 예배를 통하여 하나님을 높이며 우리의 신앙을 고백합니다. 우리는 예배로 우리가 참된 그리스도인임을 드러냅니다. 예배는 하나님과 성도의 만남의 사건이며, 지상에서 천국을 경험하는 잔치입니다. 예배는 하나님의 창조와 구속의 놀라운 사랑과 은총의 초대하심에 믿음으로 감사하며 사랑으로 응답하는 가장 거룩하고 아름다운 믿음의 행위입니다. 하나님은 영과 진리와 바르고 참되게 예배하는 자를 찾으십니다.

　"참되게 예배를 드리는 사람들이 영과 진리로 아버지께 예배를 드릴 때가 온다. 지금이 바로 그때이다. 아버지께서는 이렇게 예배를 드리는 사람들을 찾으신다. 하나님은 영이시다. 그러므로 하나님께 예배를 드리는 사람은 영과 진리로 예배를 드려야 한다."(요한복음 4:23 - 24)

영과 진리로 예배를 드리는 것은 하나님의 자녀인 우리가 아버지 하나님께 드릴 가장 귀하고 가치 있는 것입니다. 그러므로 우리가 그리스도인으로서 참되고 바른 예배자가 된다는 것은 그 무엇보다도 중요한 일입니다. 우리가 예배에 관해서 배우고 알게 될 때 예배는 더욱더 생동감이 넘치는 은혜의 시간이 될 것입니다.

모든 신실한 그리스도인은 예배를 통하여 창조주 하나님을 찬양하고, 예수 그리스도의 사건(탄생, 고난, 죽음, 부활, 승천)을 기억하고 기념하며, 예수님의 다시 오심을 기대하고, 성령님의 활동을 경험합니다. 예배가 무엇인가에 대한 정의는 수없이 많습니다. 예배는 신앙공동체의 주관적인 경험과 개인적인 경험에 근거하고 있기 때문입니다.

예배는 예수 그리스도의 구속의 사건 안에 나타난 하나님의 사랑과 은혜에 대한 인간의 응답입니다. 예배는 최상의 가치와 영광을 하나님께 돌리는 것입니다. 예배는 하나님께서 우리를 위하여 행하셨고, 행하고 계시며, 앞으로 행하실 역사에 대한 기쁨의 응답입니다. 예배는 부활의 잔치입니다. 예배는 하나님의 사랑에 대한 성도의 사랑의 고백이며 표현입니다.

중요한 사실은 예배와 믿음은 떼어놓을 수 없다는 것입니다. 하나님을 믿는 것은 곧 하나님을 예배하는 것입니다. 예배는 믿음의 표현이고, 믿음의 행위이며, 믿음은 예배의 뿌리이고 동기입니다. 그러므로 믿음이 없이는 참된 예배를 드리는 것이 불가능합니다. 또한 성도는 예배 없이 참되게 믿을 수 없습니다. 하나님을 사랑하는 최고의 길은 하나님을 예배하는 것입니다.

2. 예배의 대상과 목적

"여호와의 이름에 합당한 영광을 돌리며 거룩한 옷을 입고 여호와께 경배하라."(시편 29:2)

예배의 대상은 오직 하나님이십니다. 예배의 초점은 하나님이십니다. 예배의 중심에는 하나님이 계십니다. 그러므로 하나님이 아닌 누구도, 그 무엇도 예배의 대상이 될 수 없습니다.

"예수께서 그에게 말씀하셨다. '사탄아, 물러가라. 성경에 기록하기를 주 너의 하나님께 경배하고, 그분만을 섬겨라.' 하였다."(마태복음 4:10)

예배의 목적은 오직 하나님께 영광을 돌리는 것입니다. 모든 사람은 오직 하나님께 영광을 돌리는 목적을 위해 지음을 받았습니다. 그러므로 하나님을 예배하는 일은 우리의 삶의 가장 중요한 우선순위가 되어야 합니다. 예배의 또 다른 목적은 우리가 하나님의 크신 은혜를 누리는 것입니다. 우리는 예배를 통해 하나님의 임재하심과 베푸시는 놀라운 감동과 은혜를 풍성하게 누립니다. 하나님은 말씀을 통해, 또한 성찬예전을 통해, 기도와 찬양을 통해 우리에게 다가오시고 역사하십니다.

3. 예배의 두 가지 기둥과 핵심 구조

그리스도인은 초대교회 때부터 온전하고 참되고 바른 예배를 드리기 위해 예배의 형식을 발전시켜왔습니다. 지금 우리의 예배에는 많은 순서와 형식이 있습니다. 이것은 우연히 생긴 것이 아니라 오랜 역사와 전통을 통해서 형성된 것입니다.

그러나 어떤 순서와 내용이 있다 하더라도 모든 기독교의 예배는 초대 교회의 전통이 보여주는 핵심적인 구조를 가집니다. 예배의 핵심 구조는 성경과 교회 역사, 특히 초기 6세기까지의 교회의 역사에 뿌리를 두고 있습니다. 사도행전의 말씀은 가장 깊은 기독교 예배의 뿌리를 보여줍니다.

"그들은 사도들의 가르침에 몰두하며, 서로 사귀는 일과 함께 음식을 먹는 일과 기도에 힘썼다."(사도행전 2:42)

이 내용은 초대 교회의 그리스도인들이 기도와 교제 가운데 사도들의 가르침과 떡을 떼는 일을 위해 모인 것을 설명해주고 있습니다. 이 구절은 기독교 예배는 처음부터 두 개의 중요한 핵심적인 요소를 가지고 있었음을 보여줍니다. 그것은 바로 '말씀'과 '식탁'입니다.

'말씀'과 '식탁'이리는 두 개의 기둥을 중심으로 예배는 다음과 같은 네 개의 구조로 이루어져 있습니다. 그것은 모임, 말씀, 감사의 식탁, 그리고 파송입니다. 그리고 이 구조 안에서 여러 가지 순서에 따라서 예배가 진행됩니다.

말씀예전		식탁예전	
모임	말씀	감사	파송
하나님의 부르심에 응답하여 하나님께로 나아감	하나님께서 성경(설교)을 통해 말씀하시며 성도는 선포되는 말씀에 믿음으로 응답함	하나님의 은혜와 구속의 사랑을 감사하며 예수님의 십자가와 부활의 은혜와 능력을 기억하며 성찬을 받음	하나님의 사랑 안에서 진정한 그리스도의 사랑과 봉사의 삶을 위해 삶의 자리로 나아감

4. 참된 예배 가운데 무슨 일이 일어납니까?

참된 예배는 거룩하신 영광의 하나님의 임재 속에서 하나님을 높이며, 그분의 은총을 입는 사건이기 때문에 예배를 통하여 놀라운 일이 일어납니다.

1) 영광을 받으시는 하나님께서 예배 가운데 임재하십니다. 예배를 통하여 하나님과 성도 사이에 깊고 놀라운 영적인 교제가 일어납니다. 하나님과의 교제를 통하여 우리는 하나님의 사랑과 은혜와 능력을 경험합니다.

2) 성령님의 넘치는 은혜와 감동의 기름 부으심이 있습니다.

회개와 기도 가운데 몸과 마음의 치유와 회복의 역사가 일어납니다.

3) 예배를 통해 교회의 모든 성도들이 진정한 그리스도의 한 몸을 이룹니다. 예배를 통하여 교회는 온전한 그리스도의 몸이 되어 세상에 그리스도의 몸을 드러냅니다.

4) 예배 가운데 하나님이 세우신 하나님의 사람들을 통하여 살아있는 하나님의 말씀이 선포됩니다.

5) 부활의 주님이 함께하시는 성찬예전의 기쁨과 감격을 누립니다.

5. 삶으로 드리는 예배

예배는 예배당 안에서 끝나는 것이 아닙니다. 예배당 문을 나서는 순간부터 삶의 예배가 시작됩니다. 하나님은 우리의 삶 전체가 예배의 삶이되기를 원하십니다. 가정생활, 직장생활, 학교생활, 모든 사회 활동 속에서 예배하는 삶을 사는 것이 진정한 그리스도인의 삶입니다. 그리스도인 자신이 하나님께 드려지는 산 제물이 되는 것입니다.

"여러분의 몸을 하나님께서 기뻐하실 산 제물로 드리십시오. 이것이 여러분이 드릴 합당한 예배입니다."(로마서 12:1)

그러므로 예배자인 우리는 모든 일에서 하나님의 뜻을 분별하고 하나님의 뜻에 따라 순종하며, 하나님의 영광을 위해 살아야 합니다. 성도의 바르고 거룩한 삶이 곧 하나님이 받으실 온전한 제물로 드려지기 때문입니다.

6. 바른 예배자의 기본자세

1) 영과 진리로 예배합니다.

"참되게 예배를 드리는 사람들이 영과 진리로 아버지께 예배를 드릴 때가 온다. 지금이 바로 그때이다. 아버지께서는 이렇게 예배를 드리는 사람들을 찾으신다."(요한복음 4:23)

영과 진리로 드리는 예배는 성령님의 인도하심 속에서, 진리의 말씀이신 예수 그리스도를 통하여 하나님의 보좌로 나아가는 것입니다.

2) 하나님을 사랑하는 마음으로 예배합니다.

예배는 선하신 창조주 하나님의 사랑과 예수 그리스도의 십자가의 구속의 은혜와 성령님의 감동하시고 역사하시는 놀라운 감동의 시간이며 자리입니다. 그러므로 예배하는 성도의 마음에는 하나님의 사랑과 은혜에 대한 감사와 사랑의 마음이 넘쳐나야 합니다.

3) 경건한 마음으로 예배합니다.

거룩하시고 전능하신 하나님을 경배하는 성도의 마음은 언제나 하나님을 향한 겸손과 온유와 경건으로 넘쳐야 합니다.

4) 회개하는 마음으로 예배합니다.

죄는 우리와 하나님 사이에 담이 놓이게 합니다. 죄를 지닌 채로 거룩하신 하나님의 은혜의 보좌 앞으로 나아갈 수 없습니다. 그러므로 우리는 언제나 회개의 마음으로 예배해야 합니다. 또한 성찬을 받기 위해 우리는 죄를 고백하며 그리스도의 십자가의 은총을 다시 입어야 합니다.

5) 예배를 위해 준비를 합니다.

준비된 예배가 은혜롭습니다. 준비된 예배에 성령님이 감동하십니다. 예배를 준비하는 다음과 같은 지침을 지켜봅시다.

- 토요일은 회개와 경건한 마음으로 주일 예배를 준비하며, 주일 예배 시작 10분 전에 옵니다.
- 예배를 드릴 때에는 항상 성경책과 찬송가와 봉헌의 예물을 준비합니다.
- 경건한 예배를 위해 옷차림을 바르게 갖추며, 휴대전화는 반드시 끕니다.
- 누구를 만나든 서로 친절하고 밝게 '할렐루야! 사랑합니다! 축복합니다! 반갑습니다!'라는 축복의 말로 인사합니다.
- 예배실에 들어오면 간절함과 기대의 마음으로 영과 진리의 예배가 되도록 기도합니다.
- 주보에 실린 설교의 본문을 찾아 천천히 읽으면서 선포될 말씀을 사모합니다.
- 설교 시간에는 말씀에 온전히 집중합니다. '아멘!'으로 화

답하며 기쁨과 순종으로 말씀을 마음에 받아 새깁니다.

· 찬송은 언제나 온 마음을 다해 기쁨으로 힘차게 부릅니다.

· 성찬을 통해 구원의 감격과 부활의 신비의 은총을 누리도록 감사와 정성으로 성찬예식에 참여합니다.

· 주보의 소식과 안내는 주의 깊게 읽고 공동체의 사역을 함께 나눕니다.

6) 예배를 위해 모이기에 힘써야 합니다.

"날마다 한 마음으로 성전에 열심히 모이고…"(사도행전 2:46)

성경은 성들이 모이기에 힘써야 한다고 말씀합니다. 성도는 모여서 하나님을 예배합니다. 성도는 모여서 사랑의 교제를 나눕니다. 성도는 모임을 통해 하나님의 은혜와 사랑을 누립니다. 예비의 자리를 놓치지 마십시오. 예배의 자리를 사모하십시오.

7) 헌금을 준비합니다.

헌금은 우리이 헌신과 감사와 믿음을 고백하는 구체적인 헌신입니다. 성도는 항상 감사와 즐거움으로 하나님께 드립니다.

(헌금에 대해서는 이 교재 8장을 꼭 읽어보십시오.)

"적게 심는 사람은 적게 거두고, 많이 심는 사람은 많이 거둡니다. 각자 마음에 정한 대로 해야 하고, 아까워하면서 내거나, 마지못해서 하는 일은 없어야 합니다. 하나님께서는 기쁜 마음으로 내는 사람을 사랑하십니다."(고린도후서 9:6-7)

8) 찬송은 힘차고 확신 있게 부릅니다.

"이 백성은 내가 나를 위하여 지었나니 나를 찬송하게 하려 함이니라."(이사야 43:21)

찬송은 성도들이 부르는 거룩한 노래입니다. 찬송은 곡조가 있는 기도이기도 합니다. 찬송은 하나님을 높이며, 믿음을 고백하며, 헌신을 결단하며 은혜와 성령의 감동으로 예배하는 은혜의 길입니다.

9) 단정하고 깨끗한 복장으로 예배합니다.

예배(禮拜)는 '예의를 갖추어 절을 하는 것'입니다. 하나님을 향한 신앙의 예의는 마음의 준비와 함께 복장도 준비되어야 합니다. 예배를 위해 비싸고 좋은 옷을 입어야 할 필요는 없습니다. 깨끗하고 준비된 복장은 우리의 준비된 마음을 잘 드러냅니다.

10) 예배의 방해물을 제거합니다.

은혜로운 예배를 드리기 위해서 우리는 은혜로운 예배를 가로막는 방해물을 제거해야 합니다. 예배를 방해하는 것에는 분주한 마음, 준비되지 않은 마음, 인간중심적인 마음과 세상적인 생각, 예배를 경시여기는 마음, 분열되고 나누어진 마음 등이 있습니다. 또한 은혜로운 예배를 위해서 예배 선과 예배 중에 잡담을 하거나 큰 소리로 말하지 않습니다. 예배 중에는 핸드폰을 꺼놓아야 합니다. 계속되는 기침이나 당뇨와 같은 특별한 경우가 아니면 사탕을 먹지 않으며, 껌을 씹지 않습니다. 어린 자녀들은 교회학교 예배에 참여하도록 합니다. 자녀가 아직 어려서 부모와 함께 예배를 드릴 경우에는 유아실에서 예배를 드립니다.

7. 교회력과 교회의 절기들

기독교는 초기부터 교회력(교회의 달력)을 발전시켰으며, 이미 4세기경에는 현재와 거의 같은 형태의 교회력을 가지게 되었습니다. 교회력은 예수님의 탄생과 죽으심과 부활을 중심으로 구성 되어 있어서 연중 그리스도 중심의 신앙생활을 하도록 이끌어줍니다. 교회력에는 특별하고 중요한 절기가 있습니다. 교회에서 지키는 중요한 절기는 다음과 같습니다.

1) 대림절(Advent): 성탄절인 12월 25일 이전의 네 번의 주일 동안 지키는데 성탄절 이브까지 계속됩니다. 예수님의 오심을 기뻐하고 다시 오실 주님을 기다리는 절기입니다.

2) 성탄절(Christmas): 예수님의 탄생을 감사하는 절기로 12월 25일부터 시작하여 1월 5일까지 계속되는 12일간의 절기입니다.

3) 주현절(Epiphany): 주현절은 역사적으로는 예수님의 탄생을 감사하는 성탄절기와 기원이 같았는데, 성탄절이 12월 25일로 제정되면서, 하나님이 인간의 몸을 입으시고 세상에 오심을 감사하는 절기로 지킵니다. 주현절은 언제나 1월 6일로 고정되어 있습니다. 주현절 이후에 오는 첫 번 주일은 '세례주일'로 예수님의 세례 받으심을 기념할

뿐만 아니라, 우리들이 세례받은 복된 존재임을 감사하고 새롭게 헌신하는 주일로 지킵니다.

4) 사순절(Lent): 재의수요일(성회수요일)부터 시작되어 부활절 전 토요일까지 이어지는 40일간의 절기입니다. 주일은 작은 부활절과 같아서 사순절기에는 포함되지 않습니다. 그러므로 사순절은 언제나 수요일부터 시작됩니다. 이렇게 사순절이 시작되는 수요일을 재의수요일이라고 부릅니다. 예수 그리스도의 수난과 죽으심을 기억하며 회개와 신앙의 훈련의 기간입니다. 사순절 기간 중의 맨 마지막 주일은 종려주일이며, 종려주일 후 한 주간은 거룩한 주간으로 지킵니다. 이 주간에는 세족목요일, 성금요일, 성토요일이 있습니다.

5) 부활절(Easter): 예수님이 죽음에서 일어나 다시 사신 놀라운 역사를 감사하고 기뻐하는 절기입니다. 부활절은 날짜가 정해져 있지 않아 매해 다른 날에 지킵니다. 봄의 첫날인 춘분 이후에 오는 첫 만월 후 첫째 주일이며, 그 만월이 주일인 경우에는 그다음 주일이 부활주일입니다. 부활절로부터 50일간을 '부활 절기' 기간으로 지킵니다.

6) 오순절/성령강림절(Pentecost): 부활주일 후 50일째 되는 날로 초대교회의 시작이 되었던 성령강림의 역사를 기념하는 절기입니다.

7) 일반 주기(Ordinary Time): 일반 주기는 두 번 있는데 주현일(1월 6일) 이후부터 사순절이 시작되는 재의수요일 전날까지의 기간과, 성령강림주일 후부터 대림절 전까지의 기간이 일반 주기에 해당됩니다.

8. 교회력과 색깔의 사용

여러 절기의 의미를 보다 상징적이며 시각적으로 경험하기 위해 교회에서는 중요한 몇 가지 색을 절기에 따라 사용합니다. 또한 강단에는 부활하신 예수 그리스도를 상징하는 불이 켜진 양초가 있습니다.

1) 흰색과 황금색: 흰색과 황금색은 예수님의 사역에 초점을 맞춘 위대한 기쁨의 절기에 사용됩니다. 흰색은 기쁨과 부활을 상징합니다. 그러므로 성탄절과 부활절에는 흰색

을 사용합니다.

2) 빨간색: 빨간색은 성령님의 절기와 고난주일에 사용되는데, 성령강림 주일에는 성령의 불길을 상징하고, 고난주일에는 예수님의 보혈을 상징합니다.

3) 보라색: 보라색은 회개와 준비의 개념으로 사용됩니다. 따라서 준비의 기간인 사순절과 대림절 기간에 사용됩니다. 보라색은 사순절 기간에는 청결과 영적인 씻음을 의미하고, 대림절에는 오시는 왕의 위엄을 의미합니다. 최근에는 파란색이 대림절에 사용되기도 하는데 이는 오시는 왕에 대한 소망과 기대를 의미합니다.

4) 녹색: 녹색은 주로 일반주기 기간에 사용됩니다. 이는 영적인 성장과 희망과 성결, 생명을 나디냅니다.

이와 같은 절기의 색깔은 매 주일마다 예배 시에 사용됩니다. 상난이나 상식된 곳에서 예전의 색을 볼 때마다 그 의미를 생각하면 더욱 은혜롭고 경건한 신앙생활을 하실 수 있습니다.

9. 우리 교회의 예배와 예식

우리 교회의 주보를 보면서 우리 교회에서 드리는 예배의 시간과 특징을 살펴봅시다.

1) 주일 낮 예배

- 1부예배(오전 8:00) – 매주 성찬이 있는 은총의 예배입니다.
- 2부예배(오전 9:45) – 기쁨이 넘치는 찬양의 예배입니다.
- 3부예배(오전 11:30) – 은혜가 넘치는 전통적인 예배입니다.
- 4부예배(오후 1:30) – 청년들이 많이 참여하는 현대예배입니다.

2) 주일 오후 찬양예배 (주일 오후 3:00)

- 찬양의 기쁨이 있습니다.
- 말씀의 은혜가 넘칩니다.
- 교회의 여러 기관과 부서들의 헌신과 공동체의 시간입니다.

3) 수요일 바이블라이프 (오전 10:00 오후 7:30)

- 수요일 오전과 밤에는 여러 성경공부 그룹이 모입니다.

‒ 다양한 주제의 공부를 통해 신앙 성장의 기쁨을 누립니다.

4) 새벽기도회 (월~금 오전 5:30)

‒ 매월 첫날은 성찬이 있는 초하루새벽예배로 드립니다.
‒ 연중 '하특새'(하나님만 바라보는 특별새벽기도회)가 있습니다.

5) 금요은혜의밤 (오후 9:00)

‒ 뜨거운 찬양과 합심 기도로 치유와 회복을 경험합니다.

6) 속회모임

‒ 소그룹 중심으로 주일이나 평일에 매주 모입니다.

7) 가정예배

‒ 가정에서 가족이 함께 드리는 예배입니다.

8) 경조사예식

‒ 경조사 예식은 속회의 속장이나 지역장 혹은 교회에 직접

연락하거나 목사(전도사)를 통해 요청하실 수 있습니다.

- 결혼예식: 동수교회의 등록된 입교인이나 교인의 자녀는 결혼예식의 주례를 요청할 수 있습니다. 담임목사님이나 원하시는 목사님의 주례로 결혼예식을 합니다. 동수교회 대예배실이나 비전홀에서도 결혼예식이 가능합니다.

- 장례예식: 동수교회의 등록된 입교인이나 교인의 직계 가족이 소천한 경우, 가족의 요청에 따라서 장례예식을 합니다. 임종예식부터 발인예식과 하관예식까지의 모든 장례의 예식을 도와드립니다. 혹은 단순한 문상예식을 드리기도 합니다. 자신이 속해 있는 속회의 속장이나 지역장, 혹은 교역자를 통해 요청하십시오.

- 돌, 회갑, 팔순예식 등: 언제든지 해당된 날짜에 예식 인도를 요청하면 예식을 가질 수 있습니다.

- 입주예식, 개업예식, 기타 각종 예식: 동수교회의 등록 입교인이면 언제든지 예식을 요청하실 수 있습니다.

제7과

복된 삶의 가족 - 교회

교회는 예수님이 세우신 아름다운 생명 공동체입니다. 엄마 품을 떠난 갓난아기가 자랄 수 없듯이 신자는 교회를 떠나서는 건강한 신앙생활과 영적 성장이 불가능합니다. 교부 터툴리안은 "교회는 어머니와 같다."고 하였습니다. 왜냐하면 우리의 신앙은 교회를 통해서, 교회 안에서 성장하기 때문입니다. 성경적인 의미로 보면 교회는 건물이 아닙니다. 건물은 교회당 혹은 예배당이라고 부르는 것이 바릅니다. 교회는 예수님을 믿는 성도들로 이루어진, 하나님을 섬기는 거룩한 백성들의 모임입니다.

1. 예수님이 교회를 세우셨습니다.

교회를 세우신 분은 예수 그리스도이시며, 교회의 중심은 언제나 예수 그리스도이십니다. 예수님은 말씀하셨습니다. "나도 너에게 말한다. 너는 베드로다. 나는 이 반석 위에다가 내 교회를 세우겠다. 죽음의 세력이 그것을 이기지 못할 것이다."(마태복음 16:18) 사도 바울은 말씀합니다. "여러분은 사도와 예언자의 터 위에 세워진 건물이요, 그리스도 예수 스스로가 그 모퉁잇돌이십니다."(에베소서 2:20)

또한 예수님은 교회의 머리가 되시며 교회는 그리스도의 몸입니다.

"그는 그의 몸인 교회의 머리이십니다. 그는 근원이시요, 죽은 사람 가운데서 맨 먼저 살아나신 분이십니다. 이렇게 살아나심은, 그가 만물 가운데서 으뜸이 되시려고 하심입니다."(골로새서 1:18)

"교회는 그리스도의 몸이요, 만물 안에서 만물을 충만케 하시는 분의 충만함입니다."(에베소서 1:23)

누구든지 예수님을 믿게 되면 자연적으로 그리스도의 몸인 교회의 가족이 됩니다. 교회는 예수님을 머리로 하는 살아있는 유기체입니다. 그리고 모든 성도들은 한 몸을 이루는 지체입니다. 성도는 서로 사랑하고 돌보며 한 몸을 건강하게 이루어가야 합니다. 교회는 그리스도 안에서 평화를 이루는 하나 된 가족입니다. "성령이 여러분을 평화의 띠로 묶어서 하나가 되게 해주신 것을 힘써 지키십시오."(에베소서 4:3)

2. 교회가 하는 중요한 일들이 있습니다.

1) 예배와 기도

"아버지께 참으로 예배하는 자들은 신령과 진정으로 예배할 때가 오나니 곧 이때라. 아버지께서는 이렇게 자기에게 예배하는 자들을 찾으시느니라."(요한복음 4:23)

"그들에게 이르시되 기록된바 내 집은 기도하는 집이 되리라 하였거늘 너희는 강도의 소굴을 만들었도다 하시니라."(누가복음 19:46)

예배는 교회가 하나님께 드리는 가장 아름답고 중요한 일입니다. 예배하지 않는 교회는 교회일 수 없습니다. 구원받은 백성들의 모임인 교회는 하나님을 예배하기 위해 존재합니다. 그러므로 예배는 우리가 가장 힘써야 할 일입니다. 우리 교회는 언제나 하나님의 영광이 가득하고, 은혜와 감동이 넘치는 예배를 드리는 교회가 되기에 힘씁니다. 하나님을 향한 경배와 찬양과 기도가 아름답게 드려지는 예배의 자리에 함께하는 것보다 복된 일은 없습니다.

2) 교육과 훈련

"그러므로 너희는 가서 모든 민족을 제자로 삼아 아버지와 아들과 성령의 이름으로 세례를 베풀고 내가 너희에게 분부한 모든 것을 가르쳐 지키게 하라."(마태복음 28:19-20)

하나님은 우리가 예수님을 닮기를 원하십니다. 하나님의 거룩하심을 닮는 것이 우리의 목적입니다. 그러므로 우리는 자신의 영적인 성장을 위해서 양육과 훈련을 받습니다. 우리 교회에는 영적 성장을 위한 양육 훈련 과정이 준비되어 있습니다. 특별히 소그룹 모임인 속회에 참여하는 일은 영적인 성장을 위해서 매우 중요합니다. 일주일에 한 번 모이는 속회에 반드시 참석하도록 하십시오. 자신에게 맞는 속회를 찾도록 도와드릴 것입니다. 또한 성장을 위한 여러 훈련 과정에 적극적으로 참여하십시오. 인내와 헌신을 통하여 전인적으로 건강하고 생명력이 넘치는 성도가 될 것입니다.

3) 선교와 전도

"또 가라사대 너희는 온 천하에 다니며 만민에게 복음을 전파하라."(마가복음 16:15)

교회는 복음을 전하기 위해 세워졌습니다. 우리는 생명의 복음을 열심히 전하며, 해외 선교에도 열심을 나합니다. 전도팀이나 해외선교 팀에 참여하여 기쁨으로 선교와 전도의 삶에 헌신하십시오.

4) 섬김과 봉사

"각각 은사를 받은 대로 하나님의 각양 은혜를 맡은 선한 청지기같이 서로 봉사하라."(베드로전서 4:10)

하나님은 모든 성도들이 교회의 사명을 감당하고 봉사하도록 은사를 주셨습니다. 은사란 하나님께서 주신 영적인 다양한 능력을 말합니다. 우리는 하나님께서 우리 각자에게 주신 은사를 발견하여 맘껏 활용해야 합니다. 또한 우리는 하나님이 주신 재능과 시간과 능력과 재물을 사용하여 다양한 봉사의 일을 해야 합니다.

교회는 교회만을 위하여 존재하지 않고 하나님을 예배하며 세상을 섬기기 위해 존재합니다. 교회는 이웃과 지역과 나라를 위해 존재합니다. 교회는 선한 일을 위하여 그리스도 안에서 세워졌습니다. 그러므로 우리 교회는 봉사와 섬김의 선한 일을 통하여 지역을 세우고, 사람을 복되게 하는 봉사의 일에 힘을 다합니다. 우리 교회에 있는 다양한 봉사활동에 꼭 참여하십시오.

5) 사랑의 교제

예수님이 주신 계명은 이것입니다. "새 계명을 너희에게 주노니 서로 사랑하라. 내가 너희를 사랑한 것 같이 너희도 서로 사랑하라."(요한복음 13:34)

처음 교회 성도들의 모습은 이러했습니다. "그들은 사도의 가르침을 받아 서로 교제하고 떡을 떼며 오로지 기도하기를 힘쓰니라."(사도행전 2:42)

교회는 하나님의 사랑으로 하나가 된 복의 공동체이며, 사랑이 넘치는 생명공동체입니다. 이 세상에서 하나님의 나라의 기쁨을 누리는 사랑의 교제는 교회가 존재하는 또 다른 중요한 이유입니다. 그리스도의 몸인 교회를 떠나서는 진정한 사랑과 은혜를 누리며 나눌 수 없습니다. 물론 우리는 완전하지 않기에 관계의 어려움과 아픔이 생길수도 있습니다. 그러나 교회는 어머니의 품과 같아서 우리는 그리스도의 몸인 교회 안에서 항상 치유와 회복과 은혜를 경험하며 서로 나눕니다. 믿음의 친구들을 만나고 사귀며 복된 복음의 교제를 나누기를 바랍니다. 꿈과 기쁨이 넘치는 생명의 공동체인 복된 교회로 함께 성장합시다.

6) 성례전

성례전이란 예수님의 명령에 따라 교회에서 행하는 거룩하고 특별한 예식으로 두 가지 곧 세례식과 성찬식을 일컫는 말입니다. 성경에서 예수님은 세례식과 성찬식은 행하라고 말씀하셨습니다. 그러므로 성례전은 예수님의 명령과 본을 따라서 처음 교회에서부터 시작되었습니다.

"그러므로 너희는 가서 모든 민족을 제자로 삼아 아버지와 아들과 성령의 이름으로 세례를 베풀고 내가 너희에게 분부한 모든 것을 가르쳐 지키게 하라."(마태복음 28:19 – 20)

"예수께서는 또 빵을 들어서 감사를 드리신 다음에, 떼어서 그들에게 주시고 말씀하셨다. '이것은 너희를 위해서 주는 내 몸이다. 너희는 이것을 행하여, 나를 기억하여라.'"(누가복음 22:19)

아직 세례를 받지 못하신 분은 세례 예식을 통하여 믿음을 고백하고 복된 세례자가 되어 우리 교회의 자랑스러운 입교인이 되기를 바랍니다. '입교인'은 세례를 받고 교회의 정 교인이 된 성인 성도를 말합니다. 또한 모든 성도는 성찬예식에 참여할 때마다 경건한 마음으로 은혜를 사모하며, 부활의 주님이 함께하심과 구원의 감격과 기쁨을 누리는데 힘써야 합니다. 성례전인 세례와 성찬에 대해서는 좀 더 자세하게 살펴볼 것입니다.

우리 교회는…

■ 하나님을 높이기 위해 존재합니다. (예배)
■ 성도의 성장과 성숙을 위해 존재합니다. (양육과 훈련)

- ▣ 성도의 돌봄과 믿음의 교제를 위해 존재합니다. (사랑의 교제)
- ▣ 하나님의 사랑과 복음을 전하기 위해 존재합니다. (선교와 전도)
- ▣ 하나님의 사랑을 세상에 나타내기 위해 존재합니다. (섬김 사역)

우리 교회의 사명선언문에는 이 모든 내용이 잘 담겨 있습니다.

3. 세례와 성찬에 대하여

1) 세례

모든 교회는 세례를 통하여 그리스도의 몸인 교회의 진정한 가족인 믿음의 새 가족을 맞이합니다. 우리 교회에서도 예수님을 주님으로 영접하고 고백하신 분에게 정해진 교육의 과정을 마친 후에 세례를 베풉니다.

· 왜 세례를 받습니까?

① 그리스도께서 세우신 본을 따르기 위함입니다.

"그 무렵에 예수께서 갈릴리 나사렛에서 오셔서, 요단강에서 요한에게 세례를 받으셨다."(마가복음 1:9)

② 예수님께서 세례받을 것을 명령하셨기 때문입니다.

"그러므로 너희는 가서, 모든 민족을 제자로 삼아서, 아버지와 아들과 성령의 이름으로 세례를 주고, 내가 너희에게 명한 모든 것을 그들에게 가르쳐 지키게 하여라. 보아라, 내가 세상 끝날까지 항상 너희와 함께 있을 것이다."(마태복음 28:19 - 20)

③ 세례는 내가 진실로 그리스도인임을 나타냅니다.

"회당장인 그리스보는 그의 온 집안 식구와 함께 주님을 믿는 신자가 되었다. 그리고 고린도 사람 가운데서도 많은 사람이 바울의 말을 듣고서 예수를 믿고 세례를 받았다."(사도행전 18:8)

· 세례의 의미는 무엇입니까?

① 세례는 예수 그리스도의 죽으심과 부활의 은혜를 확증
   하는 것입니다.

"그러므로 우리는 그분의 죽으심과 연합하는 세례를 받음으
로써, 그분과 함께 묻혔습니다. 이것은 그리스도께서 죽은 사
람들 가운데서 아버지의 영광으로 살리심을 받은 것과 같이,
우리도 새로운 생명 가운데서 살아가게 하려는 것입니다."(로
마서 6:4)

② 진정한 그리스도인이 되어 새로운 삶을 시작하게 됨을 나
   타냅니다.

"누구든지 그리스도 안에 있으면 그는 새로운 피조물입니다.
옛것은 지나갔습니다. 보십시오. 새것이 되었습니다."(고린도
후서 5:17)

③ 세례는 우리 자신이 예수님을 진실로 믿는 자임을 보여줍
   니다. 세례가 우리를 구원하는 것이 아니라 예수 그리스

도를 믿는 믿음이 구원합니다. 사도 바울은 말씀합니다.

"여러분은 믿음으로 말미암아 은혜로 구원을 받았습니다. 이 것은 여러분에게서 난 것이 아니요, 하나님의 선물입니다."(에 베소서 2:8 - 9)

세례는 우리가 예수님을 구세주요 주님이신 그리스도로 믿고 영접하였음을 공적으로 고백하는 의식입니다. 교회는 세례식을 통하여 세례받은 사람을 진정으로 구원받은 가족으로 맞이합니다.

· 누가 세례를 받습니까?

누구든지 그리스도를 믿는 사람은 세례를 받습니다.

"그의 말을 받아들인 사람들은 세례를 받았다. 이렇게 해서 그 날 신도의 수가 약 삼천 명이나 늘어났다."(사도행전 2:41, 8:12)

아직 세례를 받지 않은 분은 세례 교육에 참여하시고 꼭 세례를 받도록 준비하십시오.

2) 성찬

· **성찬이 무엇입니까?** (고린도전서 11:23~26)

① 예수님께서 행하라고 명하신 예식으로 그리스도의 몸과 피
   를 상징하고 의미하는 떡과 잔을 받아서 먹고 마시는 예식입
   니다.
② 하나님의 창조와 사랑과 구속의 은혜를 감사하는 예식입니다.
③ 예수님의 십자가의 구속의 은혜를 기억하는 예식입니다.
④ 성령님의 임재하심이 충만한 예식입니다.
⑤ 부활의 주님이 함께하시는 부활의 백성의 예식으로 구원
   의 언약을 새롭게 하는 예식입니다.
⑥ 천국의 기쁨을 맛보는 하늘의 잔치입니다.

"내가 여러분에게 전해준 것은 주님으로부터 전해 받은 것입
니다. 곧 주 예수께서 잡히시던 밤에, 빵을 들어서 감사를 드
리신 다음에, 떼시고 말씀하셨습니다. 이것은 너희를 위하는
내 몸이다. 이것을 행하여 나를 기억하여라. 식후에, 잔도 이

와 같이 하시고서, 말씀하셨습니다. 이 잔은 내 피로 세운 새 언약이다. 너희가 마실 때마다 이것을 행하여, 나를 기억하여라. 그러므로 여러분이 이 빵을 먹고 이 잔을 마실 때마다, 주님의 죽으심을 그가 오실 때까지 선포하는 것입니다. 그러므로 누구든지, 합당하지 않게 주님의 빵을 먹거나 주님의 잔을 마시는 사람은, 주님의 몸과 피를 범하는 죄를 짓는 것입니다. 그러니 각 사람은 자기를 살펴야 합니다. 그런 다음에 그 빵을 먹고, 그 잔을 마셔야 합니다."(고린도전서 11:23 – 28)

· 누가 성찬에 참여합니까?

예수님을 그리스도로 믿고 고백하여 세례를 받은 성도들이 성찬을 받습니다. 또한 세례를 받지 않았지만 예수님을 믿는 성도와 진심으로 예수님을 알기로 열망하는 사람은 누구나 성찬을 받을 수 있습니다. 그러나 다가오는 세례식에 반드시 세례를 받으셔야 합니다.

· 성찬에 참여하기 위해 어떻게 준비해야 합니까?

① 자기 자신을 살펴야 합니다. (고린도전서 11:27)

② 자신의 죄를 고백해야 합니다. (요한1서 1:9)

③ 예수 그리스도께 새롭게 헌신해야 합니다. (로마서 12:1)

④ 서로 용서하고 화해하며 관계를 회복해야 합니다. (마태복음 5:23~24)

· 성찬은 공적인 예배에서 행할수록 좋습니다.

성찬은 세례를 받은 구원의 백성인 우리에게 부활의 주님께서 은혜와 생명을 베풀어 주시는 놀랍고 복된 예전입니다. 예수님은 주님의 죽으심과 부활을 기억하라고 세례와 성찬예식을 가르쳐주셨습니다. 성찬예식에서 우리는 전병(밀떡), 빵, 혹은 떡을 사용합니다. 잔으로는 포도주니 포도즙을 사용합니다. 성찬을 받을 때 우리는 두 손바닥을 합치거나 포개어, 약간 오므린 채 위로하여 앞으로 내밀어 감사와 경건한 마음으로 받아야 합니다. 잔은 준비된 방식에 따라서 개별잔인 경우 직접 입으로 마시거나, 전병(밀떡, 빵)을 잔에 찍어서 먹습니다.

4. 복된 삶을 위한 성도의 3대 규범

동수교회는 모든 성도들이 지켜야 할 3대 규범을 가지고 있습니다. 이것은 감리교회의 오랜 전통이며 성경적인 삶의 기본적인 원리입니다. 감리교의 창시자인 존 웨슬리는 그리스도의 삶의 원리(General Rule)로 세 가지를 가르치고 실행하였으며, 이후 모든 감리교도들의 삶의 원리가 되었습니다.

1) 해를 끼치지 말라.

'해를 끼치지 말라.'는 단순한 원리는 분별력 있는 삶을 위한 기본자세입니다. 남에게 해를 끼치지 않는다는 것은 전혀 복잡하지 않습니다. 어린아이도 이해할 수 있는 단순한 내용입니다. 누구에게나 적용할 만한 원리이며 이 원리를 실천함으로 놀라운 변화가 일어납니다. 의견의 차이를 보이거나 갈등이 일어나거나 경제적인 관계에서 우리가 남에게 해를 끼치지 않기로 결심할 때, 우리는 놀라운 삶의 기쁨과 능력을 누릴 수 있습니다. 다른 사람에게 상처를 주지 않도록 입술과 생각과 마음을 늘 조심하고 삼가야 합니다. 우리가 다른 사람에게 해를 끼칠 생각을 버린다면 하나님께로 나아가는 신실한 길을 찾을 것입니다.

2) 선을 행하라.

선을 행하는 자는 하나님께 속한 자이며(요한3서 1:11), 선을 행하는 것은 하나님이 우리에게 기대하시는 삶입니다(사도행전 10:39). 예수님은 원수를 사랑하고, 미워하는 자를 선대하고, 저주하는 자들을 위해 축복하라고 하심으로 선을 행하는 삶을 명령하셨습니다(누가복음 6:27 - 28). 예수님의 말씀은 선을 행하는 것이 가장 보편적인 믿음의 삶의 원리임을 보여줍니다. 선을 행하는 대상은 제한되지 않습니다. 선행의 은총을 베풀어 주신 하나님은 우리가 하나님의 사랑의 전달자가 되기를 원하십니다. 우리는 모든 사람을 환대하며, 모든 사람에게 사랑의 선을 베풀 결심을 해야 합니다. 선을 행하는 삶은 상대방의 반응에 상관없이 수행되어야 합니다. 웨슬리는 세 가지 원리를 자신의 영혼 속에 자리한 하나님의 생명으로 여겼습니다.

3) 하나님의 사랑 안에 거하라.

하나님과의 사랑을 유지하는 것은 믿음의 삶 전체의 기본입니다. 우리가 존재하는 모든 힘은 오직 하나님의 사랑에서 옵니다. 하나님과의 관계가 모든 것을 결정합니다. 하나님이 세우지 아니하시면 우리가 세우는 모든 것은 설 수 없습니다. 그러므로 우리가 계속해서 그리스도를 닮아 해를 끼치지 않고, 선을 행하는 삶을 살기 위해서는 하나님의 사랑 안에 거해야 합니다. 모든 것을 가능하게 하는 힘을 하나님이 주시기 때문입니다. 우리가 그리스도인의 삶의 원리를 실천할 때에, 이것을 계속적으로 가능케 하는 힘은 하나님으로부터 옵니다. 그러므로 우리는 하나님의 능력을 구하며 항상 그분의 얼굴을 구해야 합니다(시편 105:4). 공공 예배, 성찬예식, 기도, 성경공부, 금식, 봉사는 우리가 신실한 삶을 살기 위한 본질적인 요소들입니다. 해를 끼치지 않고 선을 행하는 삶의 방식, 하나님이 우리를 사랑하시듯 우리 역시 하나님을 사랑하여 그분 안에 늘 거하는 삶의 방식이 그리스도인의 최고의 삶의 원리이며 규칙입니다.

제8과

복된 삶의 드림 – 헌금

우리는 이것을 위해 일주일에 40시간에서 많게는 80시간까지 일을 합니다. 우리는 이것을 얻는 법을 배우기 위해 학교를 다녔으며, 지금도 다니고 있습니다. 이것이 충분하지 않다고 생각하면 걱정을 놓지 못합니다. 많은 사람들이 어떻게 하면 이것을 더 많이 가질 수 있을까, 온종일 머리를 굴립니다. 이것을 너무 사랑한 나머지 죄를 짓는 사람들도 부지기수입니다. 이것만 있으면 못할 것이 없다고 생각하는 사람들이 많습니다. 어떤 사람은 이것 때문에 몸과 영혼을 모두 팔아버리기도 합니다. 성경은 이것을 사랑하는 것이 모든 악의 뿌리라고 하였습니다. 이것이 무엇일까요? 그렇습니다. 이것은 '돈'이라는 것입니다.

돈은 대부분의 사람들에게 아주 민감한 주제입니다. 돈 문제가 등장하면 긴장감이 생깁니다. 돈 문제를 꺼내면 갑자기 마음이 얼어붙는 분이 적지 않습니다. 상당한 수입이 있음에도 불구하고 여전히 부족하다고 느끼는 사람도 있을 것이고, 충분히 가지고 있으면서도 필요 이상으로 돈 버는 재미에 빠져 있는 사람도 있을 것입니다.

성경은 돈에 대해 무슨 말씀을 전하고 있을까요? 성경에는 가난한 사람들, 고통과 역경에 빠진 사람들, 핍박 속에 순교한 사람들이 있는가 하면, 부자들도 많이 등장합니다. 믿음의 조상 아브라함은 거부였습니다. 형통한 거인 요셉이 그랬고, 동방의 의인 욥도 그랬다. 솔로몬 왕은 그 영화가 견줄 데 없는 왕이었습니다.

성경은 재물이 무조건 좋다거나, 무조건 나쁘다고 하지 않습니다. 성경은 누가 부자라는 것만 가지고는 정죄하지 않습니다. 가난하다고 무조건 의로운 자라고 하지도 않습니다. 재물은 하나님이 주시는 복이기도 합니다. 하나님을 경외하는 자에게는 부요와 재물이 있을 것이라고 합니다. 반면에 믿음으로 인해 재물의 부요함을 누리지 못한 사람들도 많이 등장합니다. 믿음으로 순교를 당하고, 재산을 몰수당하고, 가난하게 산 사람들도 많습니다.

1. 재물에 관한 몇 가지 말씀

"자족할 줄 아는 사람에게, 경건은 큰 이득을 줍니다. 우리는 아무것도 세상에 가지고 오지 않았으므로, 아무것도 가지고 떠나갈 수 없습니다. 우리는 먹을 것과 입을 것이 있으면, 그것으로 만족해야 할 것입니다. 그러나 부자가 되기를 원하는 사람은, 유혹과 올무와 여러 가지 어리석고도 해로운 욕심에 떨어집니다. 이런 것들은 사람을 파멸과 멸망에 빠뜨립니다. 돈을 사랑하는 것이 모든 악의 뿌리입니다. 돈을 좇다가, 믿음에서 떠나 헤메기도 하고, 많은 고통을 겪기도 한 사람이 더러 있습니다."(디모데전서 6:6 - 10)

"제가 배가 불러서, 주님을 부인하면서 '주가 누구냐'고 말하지 않게 하시고, 제가 가난해서, 도둑질을 하거나 하나님의 이름을 욕되게 하거나, 하지 않도록 하여 주십시오."(잠언 30:8 - 9)

"돈을 사랑함이 없이 살아야 하고, 지금 가지고 있는 것으로 만족해야 합니다. 주님께서 친히 말씀하시기를 '내가 결코 너를 떠나지도 않고, 버리지도 않겠다.' 하셨습니다."(히브리서 13:5)

"부자들은 들으십시오. 여러분에게 닥쳐올 비참한 일들을 생각하고 울며 부르짖으십시오. 여러분의 재물은 썩고, 여러분의 옷들은 좀먹었습니다. 여러분의 금과 은은 녹이 슬었으니, 그 녹은 장차 여러분을 고발할 증거가 될 것이요, 불과 같이 여러분의 살을 먹을 것입니다. 여러분은 세상 마지막 날에도 재물을 쌓았습니다. 보십시오, 여러분의 밭에서 곡식을 벤 일꾼들에게 주지 않고 가로챈 품삯이 소리를 지르고 있습니다. 그래서 그 일꾼들의 아우성소리가 전능하신 주님의 귀에 들어갔습니다. 여러분은 이 땅 위에서 사치와 쾌락을 누렸으며, 살육의 날에 마음을 살찌게 하였습니다."(야고보서 5:1-5)

2. 재물에 대한 잘못된 생각

1) 돈을 사랑하라.

2) 돈만 있으면 무엇이든지 할 수 있다.

3) 돈만 있으면 행복하다.

4) 내가 가지고 있는 것은 모두 내 것이다.

3. 재물에 대한 바른 생각/성경의 생각

1) 돈을 사랑하지 말라.

2) 참된 행복은 돈이 주는 것이 아니라 주님 안에서 누리는 것이다.

3) 모든 것이 하나님의 것이다.

4. 십일조와 헌금에 대하여

1) 헌금은 하나님께 마음을 드리는 증거입니다.

주님은 "네 보물이 있는 곳에 네 마음도 있다."(마태복음 6:21)고 하셨습니다. 우리의 마음이 있는 곳에 우리의 지갑이 열립니다. 재물이 있는 곳에 마음이 있고, 마음이 있는 곳에 재물이 따라갑니다. 우리가 진정으로 하나님께 마음을 드린다면, 그래서 우리 미옴에 하나님이 계시다면, 우리의 헌금은 바로 우리의 마음을 드리는 온전한 증거가 됩니다. 헌금은 내가 하나님과 바른 관계를 맺고 있으며, 참된 믿음 생활을 살고 있음을 드러내는 증거입니다.

2) 헌금은 하나님께 드리는 사랑하는 고백입니다.

하나님은 십일조를 명령하셨습니다. 십일조는 하나님이 정하신 헌금의 분량입니다. 레위기 27장 30절에서 "땅의 십 분의 일 곧 땅의 곡식이나 나무의 과실이나 그 십 분의 일은 여호와의 것이니 여호와께 성물이라."고 하였습니다. 예수님께서도 바리새인을 책망하실 때 이렇게 말씀하셨습니다. "너희가 박하와 회향과 근채의 십일조를 드리되 율법의 더 중한바 의와 인과 신은 저버렸도다. 그러나 이것도 행하고 저것도 버리지 말아야 할지니라."(마태복음 23:23)

십일조를 드린다는 것이 너무 커 보일 수 있습니다. 그러나 이것은 믿음의 문제입니다. 헌금은 믿음의 표현입니다. 매우 강한 표현이지만 말라기 선지자는 십일조를 하지 않는 것을 하나님의 것을 하나님께 드리지 않는 것이므로 도둑질이라고까지 말합니다(말라기 3:8). 하나님은 우리에게 열(10)을 주시면서 아홉은 우리보고 사용하라고 하시고 하나(1)를 하나님께 돌리라고 하셨습니다. 얼마나 감사하고 놀라운 은혜입니까? 우리가 하나님을 사랑할 때 우리는 하나님의 말씀을 기쁨으로 순종하며 지킵니다. 예수님은 "너희가 나를 사랑하면 나의 계명을 지키라."(요한복음 14:15)고 말씀하셨습니다. 우리의 재물은 내가 무엇을 사랑하는지를 그대로 드러냅니다.

3) 헌금은 영원한 투자입니다.

헌금은 씨앗과 같습니다. 사도 바울은 "적게 심는 사람은 적게 거두고 많이 심는 사람은 많이 거둔다."(고린도후서 9:6)고 말씀하였습니다. 우리가 드리는 헌금은 곧 재물의 씨앗입니다. 우리가 뿌린 재물의 씨앗은 결코 사라지지 않습니다. 하나님의 영광과 역사를 위해 하늘에 쌓는 것이니, 영원한 투자입니다. 주님은 말씀히 셨습니다. "님에게 주어라. 그리하면 하나님께서도 너희에게 주실 것이니, 되를 누르고 흔들어서, 넘치도록 후하게 되어서, 너희 품에 안겨주실 것이다. 너희가 되질하여 주는 그 되로 너희에게 도로 되어서 주실 것이다."(누가복음 6:38) 우리가 예수님의 이름으로 남에게 주고, 기부하고, 헌금할 때, 하나님은 넘치도록 후하게 채워 안겨주실 것입니다. 그 너브로 수는 자는 복이 있습니다.

4) 헌금은 우선순위의 문제입니다.

힌금은 하나님이 내 인생의 가장 중요한 자리, 가장 높은 자리, 최우선의 자리에 계심을 인정하는 믿음의 행위입니다. 그러므로 십일조는 액수의 문제가 아니라, 믿음의 문제입니다. 내가 그만큼 하나님을 신뢰하는가? 하나님이 내 인생의 가장 중요한 분이신가? 하나님이 만물의 주인이시므로 내 인생을 책임지실 분이시며, 공급하시는 분이심을 믿는가? 내가 하나님을 진심으로 사랑하는가? 바로 이 물음에 아멘! 할 때 십일조는 아름다운 믿음의 고백이며 결단이 됩니다.

5) 헌금은 사역을 위한 기초가 됩니다.

말라기에서는 십일조를 가리켜 하나님의 집(성전)에 양식이 있는 것이라고 하였습니다(말라기 3:10). 성전은 구약 시대에 하나님의 사역을 수행하는 중심적인 장소였습니다. 성전은 하나님의 집이며, 하나님의 집을 통해 제사장을 지원하고, 고아와 과부를 돌보며, 나그네를 섬겼습니다. 이 기능은 신약에서 교회에 이어졌습니다. 하나님의 집인 교회는 헌금을 통해 중요한 사역을 할 수 있습니다. 헌금은 복음을 전파하고, 지역을 세우며, 섬김과 봉사의 일을 할 수 있게 합니다.

5. 십일조와 헌금은 복의 문입니다.

"할렐루야. 주님을 경외하고 주님의 계명을 크게 즐거워하는 사람은, 복이 있다. 그의 자손은 이 세상에서 능력 있는 사람이 되며, 정직한 사람의 자손은 복을 받으며, 그의 집에는 부귀와 영화가 있으며, 그의 의로움은 영원토록 칭찬을 받을 것이다."(시편 112:1 - 3)

"나의 하나님께서 자기의 풍성하심을 따라 그리스도 예수 안에 있는 영광으로 여러분에게 필요한 것을 모두 채워 주실 것입니다."(빌립보서 4:19)

"너희는 온전한 십일조를 창고에 들여놓아, 내 집에 먹을거리가 넉넉하게 하여라. 이렇게 바치는 일로 나를 시험하여, 내가 하늘 문을 열고서, 너희가 쌓을 곳이 없도록 복을 붓지 않나 보아라. 나 만군의 주의 말이다. 나는 너희 땅의 소산물을 해로운 벌레가 먹어 없애지 못하게 하며, 너희 포도밭의 열매가 채 익기 전에 떨어지지 않게 하겠다, 나 만군의 주가 말한다. 너희 땅이 이처럼 비옥하여지므로, 모든 민족이 너희를 복되다고 할 것이다. 나 만군의 주가 말한다."(말라기 3:10 - 12)

하나님의 말씀에 순종하는 것은 하나님께서 주시는 복을 누리는 길입니다. 하나님은 우리의 삶에 필요한 것을 채우시고, 풍성한대로 공급하십니다. 믿음으로 순종하여 드릴 때 하나님이 공급하시며, 하나님이 채우시며, 하나님이 비옥한 인생이 되게 하십니다.

6. 헌금은 어떤 자세로 하나요?

헌금할 때에는 자원하는 마음으로, 기쁨으로, 힘에 지나도록, 최선을 다해, 기대함으로, 먼저 자신을 드림으로 해야 합니다. 또한 인색한 마음이 아니라 즐거운 마음으로 드려야 합니다. 헌금을 할 때에 우리는 우리의 삶 전체를 드리기에 힘써야 합니다.

"그들은 힘이 닿는 대로 구제하였을 뿐만 아니라, 오히려 힘에 지나도록 자원해서 하였습니다. 그들은 성도들을 구제하는 특권에 동참하게 해달라고, 우리에게 간절히 청하였습니다. 그들은, 우리가 기대한 이상으로, 하나님의 뜻을 따라서 먼저 자신들을 주님께 바치고, 우리에게 바쳤습니다."(고린도후서 8:3 – 5)

"각자 마음에 정한 대로 해야 하고, 아까워하면서 내거나, 마지못해서 하는 일은 없어야 합니다. 하나님께서는 기쁜 마음으로 내는 사람을 사랑하십니다. 하나님께서는 여러분에게 온갖 은혜가 넘치게 하실 수 있습니다. 그러하므로 여러분은 모든 일에 언제나, 쓸 것을 넉넉하게 가지게 되어서, 온갖 선한 일을 얼마든지 할 수 있습니다."(고린도후서 9:7 - 8)

또한 헌금은 규칙적으로 하는 것이 좋습니다. 예배를 드릴 때에 정기적으로 드리는 헌금은 하나님께 정기적으로 헌신하는 아름다운 모습입니다.

7. 재물을 바르게 사용하려면

1) 광고에 현혹되지 말아야 합니다.

세상에 너무도 많은 사람들이 광고에 현혹되어 돈을 사용합니다. 광고는 탐욕을 만들어냅니다. 광고에 현혹될수록 재물은 탐욕의 도구가 될 뿐입니다.

2) 신용카드를 조심해야 합니다.

신용카드는 우리를 신용자로 만들지 않습니다. 물론 신용카드는 현금을 가지고 다니는 불편을 덜어주고 결제에 편리합니다. 그러나 바른 경제생활을 위해서는 신용카드에 의존하는 습관을 최대한 억제해야 합니다. 가능하면 체크카드를 사용하는 것이 더 좋습니다. 갚을 능력도 없이, 갚을 수입도 없이, 신용카드를 쓴다고 해서 신용이 높아지는 것이 아닙니다.

3) 계획된 소비생활을 해야 합니다.

무엇보다 소비를 위한 예산을 세우십시오. 계획을 세우고 그 안에서 생활하도록 힘쓰는 것은 우리에게 절제의 미학과 기쁨을 배우게 해줍니다. 절제 속에서 진정한 자유함을 누릴 수 있게 될 것입니다. 바른 경제활동은 소비를 위한 예산을 세우는 데서부터 시작됩니다. 예산 없이 사용하는 소비 활동은 반드시 문제를 일으킵니다.

또한 하나님께 드릴 헌금의 계획을 세워야 합니다. 성경은 십 분의 일을 기준으로 제시합니다. 어떤 분은 하나님의 공급하심을 넘치게 경험하면서 십 분의 이를 드리기도 하고, 그 이상을 드리기도 합니다. 물론 십 분의 일을 드리는 것은 결코 쉬운 일이 아닙니다. 그러나 하나님의 놀라운 공급과 은혜를 경험하게 되면, 십 분의 일을 바치는 것이 오히려 신나는 일이 될 것입니다. 십일조는 말씀에 대한 순종이며, 하나님에 대한 온전한 신뢰와 고백입니다. 처음부터 십 분의 일을 드리는 것이 힘들다면 수입의 1% 혹은 2%를 정기적으로 헌금하는 것으로부터 시작해보십시오. 믿음의 분량에 따라 점차 온전한 십일조를 기쁨으로 드리게 되며, 하나님이 채워주시는 놀라운 기쁨을 누리게 될 것입니다.

더 나아가 저축의 계획을 세워야 합니다. 저축은 남으면 하는 것이 아니라, 계획된 경제생활로 하는 것입니다. 아무리 수입이 많아도 저축의 훈련이 되지 못하면 그 재물은 금방 날아가 버리고 말 것입니다.

부자가 되는 것은 인생의 목적이 될 수 없습니다. 우리에게 부가 필요한 것은 그것을 통해 해야 할 훨씬 중요하고 가치 있는 일들이 있기 때문입니다. 우리가 해야 할 선한 일을 위해 하나님은 채우시고 공급해주십니다. 우리가 지혜로운 재정관리, 믿음의 재정 관리를 할 때 하나님은 부어주시고, 채워 주시고, 부유케 하시는 분이심을 몸소 증명해 보여줄 것입니다.

동수교회 정교인(입교인) 서약

'동수교회 등록 입교인 서약'은 예수 그리스도님께 그리고 그리스도의 몸인 동수교회 공동체를 향한 서약입니다. 사도 바울은 "그러므로 이제부터 여러분은 외국 사람이나 나그네가 아니요, 성도들과 함께 시민이며 하나님의 가족입니다."(에베소서 2:19)라고 말씀하셨습니다. 그렇습니다. 이 서약은 우리가 하나님의 한 가족으로 서로를 사랑 안에서 용납하고 섬기며, 온전한 그리스도의 몸을 이루기 위한 헌신입니다. 우리가 이런 서약을 하는 이유는 곧 우리는 우리가 헌신한 대로 되기 때문입니다. 단순한 예배 출석자와 등록 입교인의 차이점은 '헌신'에 달려 있습니다. 우리 교회는 새 가족이 헌신된 등록 입교인이 되는 것을 매우 중요하게 생각합니다. 여기에는 몇 가지의 이유가 있습니다.

· 성경적인 이유: 예수 그리스도께서 교회에 헌신하셨기 때문입니다.

"그리스도께서 교회를 사랑하셔서 교회를 위하여 자신을 내주심 같이 하십시오."(에베소서 5:25)

· 문화적인 이유: 교회에 대한 바른 태도가 됩니다.

우리가 사는 시대는 어느 것에도 헌신하지 않으려는 시대입니다. 그러나 참된 성도는 그리스도의 몸인 교회에 헌신함으로 영적인 방황을 하지 않게 됩니다.

· 실제적인 이유: 등록된 입교인의 헌신을 통하여 누가 우리 교회의 입교인지 분명하게 확인하고 섬길 수 있습니다.

· 개인적인 이유: 등록 입교인이 되면 자신의 영적 성장에 책임을 지고 헌신하게 됩니다. 우리 교회는 성경의 가르침 이상의 헌신을 요구하지 않습니다. 그러나 우리 교회는 우리 교회의 등록 입교인은 누구나 복된 삶을 누리며, 성장의 기쁨 속에 사랑의 교제와 섬김의 삶을 살 수 있도록 정성을 다합니다. 억지로 하지 마십시오. 다음 페이지를 읽어 보시고 시간을 가지고 기도하시면서 결정하시면 됩니다.

동수교회 정교인(입교인) 신청서

이 름		직분		성별	
생 일	년 월 일	핸드폰			
주 소					
이전교회	이름		봉사분야		
신앙경력	☐ 기독교에 관심 있음 ☐ 세례 받기 원함 ☐ 세례 받았음 ☐ 직분 있음( ) ☐ 믿은지 오래되었지만 영적성장이 필요함				
세 례 일	년 월 일	_____교회 집례 _____목사			

세례를 받지 않은 분은 세례를 받으시면 동수교회의 정교인(입교인)이 되실 수 있습니다.

동수교회를 선택하신 이유 혹은 동수교회의 장점은?

1.
2.

새가족반을 공부하면서 느낀 점

동수교회에서 봉사하고 싶은 분야

동수교회 정교인(입교인) 서약서

저는 그리스도를 나의 주인이심을 고백하고 예수님을 나의 구세주로 영접하고 세례를 받았습니다. 저는 동수교회의 사명과 비전에 동의하면서 같은 꿈을 가지기 원합니다. 저는 동수교회에 온전히 소속된 한 가족이 되라는 성령님의 인도하심을 느낍니다. 이에 저는 하나님과 다른 성도들 앞에서 다음 사항들에 대해서 헌신하며 동수교회의 등록 입교인이 되기를 서약합니다.

1. 본인은 동수교회의 하나 됨을 굳게 지키겠습니다.
   - 지도자를 기쁘게 따름으로(히 13:17)
   - 다른 성도들을 사랑으로 대함으로(벧전 1:22)
   - 칭찬과 격려의 말로 덕을 세움으로(엡 4:29)

2. 본인은 동수교회의 가족으로서 책임을 나누어지겠습니다.
   - 교회의 성장을 위해 기도함으로(살전 1:2)
   - 불신자들을 교회로 초대함으로(눅 14:23)
   - 방문하는 분들을 사랑으로 친절하게 환영하고 대함으로(롬 15:7)

3. 본인은 동수교회에서 사역을 기쁨으로 감당하겠습니다.

- 은사와 재능을 발견하고 사용함으로(벧전 4:10)
- 성장을 위한 양육 및 훈련을 받음으로(엡 4:11 - 12)
- 진심으로 교회와 성도를 섬기는 마음과 행동으로(빌 2:3 - 4, 7)

4. 본인은 동수교회의 가족으로 영성을 세워가겠습니다.

- 충실하게 예배에 참여함으로(히 10:25)
- 말씀과 기도 등 경건한 생활에 힘씀으로(시 119:9, 빌 4:6)
- 가정과 세상에서 바르게 생활하며 칭찬받음으로(빌 1:27)
- 정기적으로 헌금(십일조)함으로(레 27:30)

20 년 월 일

이름: _____ 서명: _____

부록

그리스도인과 제사

1. 그리스도인과 제사문제

흔히 제사는 우리나라의 전통 문화로 혹은 미풍양속으로 여기면서 기독교인이 제사에 대해 이야기하는 것을 마치 전통적인 미풍양속을 거부하는 것으로 잘못 인식하고 있습니다. 물론 우리나라의 미풍양속과 전통 문화는 좋은 것입니다. 우리는 한국인 그리스도인으로서 우리의 좋은 문화와 전통은 지키고 따라야 합니다. 그러나 만약 제사가 단순한 문화 이상의 종교적인 행위라면 우리는 이것에 대해서 바르게 생각해보아야 합니다.

제사에서 사용되는 용어를 통해서 제사가 무엇인지 알 수 있습니다.

· 신위(神位) - 죽은 조상귀신이 깃들이는 자리로 신주, 위

패, 지방, 동상, 초상화, 사진 등을 상징으로 사용합니다.

· **강신(降神)** – 귀신을 제사상 앞으로 불러 내리는 절차로 향을 피우거나 술을 따르고 두 번 절하는 행위입니다.

· **참신(參神)** – 제사에 참여한 사람들이 합동으로 귀신에게 참배하는 절차로 두 번 절하는 행위입니다.

· **음복(飮福)** – 귀신으로부터 복을 받는 절차로 집례자가 주인에게 술과 음식을 조금 주면서 '복을 받으십시오.'라고 말하는 행위입니다.

「차례와 제사」라는 책에서 제사의 의미를 설명하는 것을 보면 제사가 단순한 문화와 조상을 기리를 풍속 이상의 것임을 알 수 있습니다.

"제사는 일종의 종교의식이다. 그것은 나의 가장 친근한 조상신에 대한 예배의식이요 성찬이며 축제이기도 한다. 나의 조상이 왜 나의 신이 아니겠는가? 그분들은 내 생명과 영혼 속에 살아있고, 내가 늘 공경하며 나를 사랑하시는 이들이요, 늘 나에게 용기와 희망을 주시며 내가 절대 절명의 위기 속에서 부를 때마다 나를 구원하시는 우리 자손들의 수호신이다."

결국 제사는 단순한 전통 예절의 효의 차원이 아니라, 죽은 조상을 신격화화여 숭배하는 종교적인 의식임을 알 수 있습니다.

2. 제사가 성경의 가르침에 위배되는 이유

1) 제사는 죽은 소상을 절을 받는 신으로, 후손의 복과 화를 주관하는 신으로 봅니다.

그러나 성경은 하나님 외에 어떤 존재도 경배의 대상이 아니며, 하나님만이 복과 화를 주관하시는 분이라고 증거합니다. (출애굽기 20:3 - 5, 신명기 12:7)

2) 제사는 죽은 조상의 혼이 제사 때에 오는 것이라고 봅니다.

그러나 성경은 인간이 죽으면 육은 흙으로 돌아가고 그 영혼은 천국과 지옥으로 가서 격리되며 현세로 돌아올 수 없다고

합니다. (누가복음 16:26)

　3) 제사는 죽은 조상의 혼백을 불러내어 교통하는 것이라고
　　봅니다.

　그러나 성경은 귀신과 접촉하려는 행위(신접)나 죽은 자의 혼백을 불러내는 행위(초혼)를 금지합니다(신명기 18:10 - 12). 제사는 귀신에게 굴복하고 교제하는 행위입니다.

　성경은 사람이 죽으면 그 영혼은 죽지 않고 천국이나 지옥에 가서 현세와 격리된다고 말한다. 따라서 절대로 유교의 제사처럼 사람이 죽으면 그 영혼이 구천을 떠도는 것이 아닙니다. 간혹 제사 때 제사하는 사람이 전율을 느끼거나 어떤 음성을 듣는다면 그것은 조상의 혼백이 아니라 귀신이 조상의 혼백으로 가장해서 찾아온 것입니다.

　그러므로 사람이 죽은 후에 행하는 제사는 곧 귀신에게 하는 것이고 그것은 나도 모르는 사이에 귀신과 교제하는 것이 됩니다. 제사의식을 따라 제사상과 묘 앞에서 우리가 절을 하는 것은 귀신에게 예배를 드리는 것인데 그것은 내가 귀신을 섬기겠

다는 행위가 되는 것이다. 그것은 하나님이 싫어하시는 우상숭배가 됩니다.

3. 그리스도인은 제사 때에 어떻게 처신해야 할까요?

1) 모든 가족이 그리스도인이라면 제사에 대한 갈등이 없을 것입니다. 그러나 불신가정에서 혼자 예수님을 믿는 경우나 불신 가정에 결혼한 경우에는 갈등이 생깁니다.

2) 앞에서 살펴본 것과 같이 제사에 대한 성경의 가르침은 분명합니다. 그러나 제사를 지내면 안 되기 때문에 아예 가족 모임에 가지 않거나 참석하지 않는 것은 가정에 불화를 가져오는 원인이 될 수 있습니다. 또한 가정 전도의 길이 막히는 결과를 초래합니다. 따라서 지혜롭게 행동해야 합니다.

3) 그렇다면 대부분의 가족이 불신자이고 제사를 주장할 때에 그리스도인은 어떻게 처신해야 할까요?

우리의 신앙이 옳다고 해서 억지로 강요하는 것은 아름답지 못합니다. 어려운 때에 우리가 하나님께 기도하면 분명히 하나님은 어려운 상황을 피하고 온 가문을 구원할 지혜를 주실 것입니다.

1) 친척 집에서 제사를 드리는 경우에는 열심히 일을 돕다가 제사 시간이 되면 조용히 자리를 피할 수 있습니다. 이렇게 돕는 것까지도 금하는 교회도 있습니다. 그러나 가족의 일이기에 함께 돕는 것이 오히려 바른 행동이 아닐까요?

2) 부모님이나 어른의 말씀을 거역할 수 없어서 제사에 부득이하게 참석해야 하는 경우에는 참석하십시오. 그러나 가능한 한 절은 하지 않으며 마음으로 주님께 기도를 하십시오.

3) 무엇보다 평소에 부모님께 잘해드리고 가족들의 일에 적극적으로 참여해야 합니다. 애경사가 있으면 더 깊은 형제애와 관심을 보여야 합니다. 예를 들어 가족의 애경사가 있을 때면 돈을 먼저 내고, 또한 명절 때 다른 가족들과 달리 정성 어린 선물도 준비하고 부모님께 용돈도 넉넉히 드려야 합니다.

4) 인내하면서 기회가 있을 때마다 제사의 무익함을 설득하고 복음을 전해야 합니다. 인내가 필요합니다. 실제로 제사에 얽매여서 힘든 가정이 많이 있습니다. 우리는 제사의 일로 분을 내어서는 안 됩니다. 더욱 가족을 사랑하는 마음을 가지며 기도해야 합니다.

5) 주를 따르려면 핍박을 받을 각오도 해야 합니다.

"무릇 그리스도 예수 안에서 경건하게 살고자 하는 자는 핍박을 받으리니"(디모데후서 3:12)라고 하셨습니다. 이것이 나의 십자가라면 핍박과 어려운 냉대가 있을지라도 주님을 생각하며 참으면 하나님께서 긍휼히 여겨주실 것입니다.

4. 조상에 대한 감사와 가족의 소중한 모임으로서 모일 경우

말로는 제사라고 하지만 신위를 모시거나 조상신에게 절하는 것이 없이 행하는 제사로, 종교적인 의미가 없는 단순한 가족의 명절 모임이거나, 단순히 조상을 추모하는 마음으로 모이는 가족의 모임이라면 참여해도 괜찮습니다. 명절에 가족이 모

여 음식을 차리고 기뻐하는 순수한 문화와 미풍양속으로서의
제사라면 함께 참여해도 괜찮습니다. 더 나아가 아래의 내용을
읽으면서 더욱 의미 있는 가족 모임으로 만드는 것도 좋을 것
입니다.

5. 기독교는 효의 종교입니다.

1) 하나님께서 인간에게 주신 십계명 중에서 사람에 대한 첫
   번째 계명이 부모에 대한 효도입니다(신명기 5:16). 또한
   부모님에 대한 불효의 죄는 사형에 해당하는 죄로 엄히
   규정하였습니다(출애굽기 21:17, 잠언 30:17).

2) 우리가 믿는 예수님은 이 세상의 그 누구보다도 효자 중
   의 효자였습니다.

하늘에 계신 하나님 아버지께 항상 기쁨으로 순종하였으며,
인류구원을 위한 십자가의 죽음도 거절하지 않고 순종하였습
니다(요한복음 8:29, 빌립보서 2:8). 예수님은 죽음을 받으라
는 아버지의 명령에까지 순종하셨습니다. 또한 육신의 어머니

인 마리아에게도 아직 자신을 세상에 나타낼 때가 되지 않았지만 순종하였습니다(요한복음 2:4 - 9). 십자가의 고통 중에도 어머니를 염려하여 제자 요한에게 사후 봉양할 것을 부탁하였습니다(요한복음 19:27).

이렇게 볼 때 단지 돌아가신 부모님께 제사를 드리지 않는다고 기독교를 불효의 종교로 보는 것은 옳지 않은 것입니다. 오히려 기독교는 육신의 부모님을 섬기도록 가르치는 효의 종교입니다. 따라서 그리스도인은 그 어떤 경우에도 부모님을 소홀하게 여겨서는 안 됩니다. 참으로 예수님을 본받으려는 성도라면 마땅히 효도의 사람이 되어야 합니다.

6. 성경적인 효도는 무엇입니까?

1) 부모님이 살아계실 때에 잘 모셔야 합니다.

부모님이 살아계실 때에 불효하다가 세상 떠나면 제사를 크게 지내며 효자인 양 외식하시 말고, 부모님 생선에 주 안에서 순종하고 공경해야 합니다.

2) 복음을 전합니다.

부모님을 전도해서 구원의 영생을 얻도록 하여 천국 소망을 가지고 여생을 기쁘게 사시도록 해드리는 것이 효도입니다. 어떻게 해서든 부모님이 예수님을 믿으시도록 전도하여 천국으로 인도해드려려 합니다.

3) 은덕을 기립니다.

부모님이 세상을 떠나신 후에도 부모님의 아름다운 가르침과 뜻과 신앙을 받들어 바르고 신실하게 믿음 생활을 하는 것이 효도입니다. 이것이 부모님의 은혜와 뜻을 저버리지 않는 것입니다.

7. 그리스도인은 추모예식을 가집니다.

그리스도인은 제사가 아닌 추모예식(추도예식)을 가집니다. 추도식이라고도 합니다. 추모예식은 가족과 친척들 혹은 성도들이 모여 고인의 삶을 감사하고 은덕을 기리며, 그분이 가르치시고 부탁하신 교훈과 뜻을 되새기고, 가족 간의 우의와 사랑을 더욱 깊게 하는 예식입니다. 비록 고인이 그리스도인이 아니었다 하더라도 육체의 생명을 전해주신 부모님의 은혜를 기리면서 고인의 아름다운 삶과 사랑과 남기신 선한 유훈을 되새깁니다. 또한 자손들이 고인의 가르치심대로 살고 있는지 돌이켜 반성하고 새로운 마음으로 하나님 앞에서 서로 사랑하고 우애하는 가정을 이룰 것을 결단하며 가족 간에 우애를 더욱 돈독히 합니다.

추모예식을 가지기 위해서는 온 가족이 다 모일 수 있는 적당한 시간과 장소를 정합니다. 또한 집 안을 깨끗이 청소하고 모든 가족이 몸과 마음을 단정히 하여 경건하게 준비합니다.

고인의 사진과 약력을 준비하고 생전의 육성 녹음이나 동영상을 준비해도 좋습니다. 고인의 사진을 아름답게 장식하여도 좋습니다.

예식을 마치고 나눌 음식을 정성으로 준비합니다.

가족이 함께 정해진 예식의 순서에 따라 가정예배의 모습으로 예식을 지킵니다. 추모예식은 가족 가운데 어르신이나, 교회에서 직분을 가지고 있는 분이나, 누구든 믿음으로 인도할 수 있습니다.

구체적인 예식 순서와 진행에 대해서는 우리 교회 사무실에 문의하시면 필요한 자료를 제공해드립니다. 부모님이 돌아가신 후 처음 맞이하는 추모예식은 목회자를 모셔도 좋습니다. 온 가족이 감사와 경건함으로 예식을 가지는 것은 가족 모두에게 큰 유익함을 줍니다.

알기 쉬운 기독교 용어해설

구세주

구세주라는 말은 세상의 죄와 악으로부터 인류를 구원하는 '주인'이라는 의미를 가지고 있습니다. 기독교에서는 예수 그리스도를 가리켜 구세주라고 부릅니다.

구원

흔히 억제하고 구속하는 요소들로부터 해방된다는 뜻을 가지고 있는 '구원'은 교회에서는 특별히 죄와 그 결과인 심판과 사망, 두려움, 속박으로부터 해방되는 것을 말합니다. 구원은 예수 그리스도를 믿을 때에 주시는 자유와 해방을 가리키는 말입니다.

메시아

구약성경에서는 기름 부음을 받고 왕위에 올라 이스라엘을 통치하는 왕을 의미하는 용어로 사용되었으며, 신약성경에서는 예수 그리스도를 가리킵니다. 즉, '기름 부음을 받은 자'라는 뜻으로 '그리스도'라는 말과 동의어입니다.

믿음

믿음은 그리스도를 완전히 신뢰하는 태도를 의미합니다. 어떤 사람이 믿음에 이르게 되면 그는 자신을 그리스도에게 헌신하게 되며 믿음은 계속적으로 그러한 태도가 일어나게 합니다. 또한 믿음은 하나님의 '은혜'를 받아들이는 결단과 태도입니다.

사도신경

사도신경은 기독교의 대표적인 신앙고백입니다. 사도신경은 2세기 중엽부터 형성되어서 약 5-6세기 무렵 공적인 신앙고백으로 받아들여지고 사용되었습니다. 사도신경은 기독교인의 가장 핵심적이고 기본적인 교리와 진리의 내용을 고백하는 표증이 됩니다. 예배 시에 사용하므로 외우는 것이 좋습니다.

성찬(성찬예전, 성만찬)

예수님이 제자들과 나누신 마지막 만찬 시에 "이를 행하여 나를 기념하라."(누가복음 22:19, 고린도전서 11:24, 25)고 말씀하신 명령에 따라 예배 시간 중에 행하는 거룩한 예식입니다.

성찬예전 가운데 우리는 예수님의 몸과 피를 상징하는 빵(떡)과 잔(포도주)을 나누며 예수님의 죽으심과 부활을 감사하고 기념합니다. 성만찬은 기독교 예배의 매우 중요한 부분입니다.

심방

심방은 방문하다는 뜻으로 성직자나 교회 지도자나 성도가 어려운 상황에 있는 분을 찾아가 위로하거나 예배를 드리는 것입니다. 때로는 특별히 어려운 상황이 아니어도 성도의 친밀한 교제를 위해서 심방하기도 합니다.

부활

부활은 예수께서 죽은 뒤에 다시 살아나신 것을 뜻하는 말입니다. 예수님은 인류의 모든 죄를 사하시기 위해 십자가에 못박혀 돌아가셨으나, 3일 만에 다시 사셨으며, 그 후 40일 동안 생활하셨습니다. 부활은 그리스도인의 신앙에서 가장 중요한 것입니다. 예수님은 "나는 부활이요, 생명이다. 나를 믿는 자는 죽어도 살게 될 것이다."(요한복음 11:25)라고 말씀하셨으며, 마지막 날에 믿는 자들을 다시 살리겠다고 말씀하셨습니다.

십계명

십계명은 하나님께서 모든 하나님의 자녀들에게 주신 핵심적인 생활의 법입니다. 십계명은 처음에는 이스라엘 백성들에게 모세를 통해서 주어진 것입니다. 이 계명들은 하나님의 계시로 두 개의 돌판에 기록되었습니다. 십계명은 지금도 모든 그리스도인들이 엄숙하게 받아들이고 바른 신앙의 삶을 사는데 매우 중요한 표준이 됩니다. 구약성경 출애굽기 20장과 신명기 5장에 나와 있습니다. 그리스도인은 십계명을 자주 읽고 생각하면서 십계명대로 살기에 힘써야 합니다.

십자가

십자가는 로마 시대의 사형 집행을 위한 도구로 가장 치욕스러운 징벌이었습니다. 그러나 예수님께서 십자가에 달려 돌아가심으로 십자가는 수치스러운 것이 아니라 가장 큰 영광으로 바뀌었습니다. 예수님이 십자가에서 죽으시고 부활하심으로 인류의 죄를 대속해주셨기 때문입니다. 십자가는 하나님의 은혜의 선물이며 믿음으로 받아들일 때 그 은혜를 누리게 됩니다.

아멘

'아멘'은 히브리어에서 온 것으로 '그렇게 되기 원합니다.' '동의합니다.' '진실로'라는 의미로 사용됩니다. 흔히 기도가 끝날 때, 찬송이 끝날 때에 자연스럽게 사용하는 용어입니다. 또한 공공 예배의 설교 시에 혹은 그리스도인들의 모임 가운데 감동과 동감의 표시로 '아멘'을 사용하기도 합니다.

은혜

'은혜'는 하나님의 용서와 사람의 용서를 포함하는 단어로 '긍휼'이라는 의미를 갖고 있습니다. '은혜'는 하나님의 확고부동한 사랑으로 죄로 인해 죽을 수밖에 없는 사람들이 예수님의 십자가의 사랑을 통하여 하나님의 용서를 받고, 의롭게 여기심을 받는 것을 말합니다. 그 외에도 감동받았다는 의미로 사용하기도 합니다.

주님의 기도(주기도문)

예수님께서 제자들에게 기도의 모범으로 가르쳐주신 기도입니다. 주기도문은 개인적으로 혹은 공공 예배 시에 암송하거나 읽는 기도문으로 사용하기도 합니다. 주기도문을 외우면 신앙적으로 큰 유익이 됩니다.

축도

　'축복기도'를 줄인 말로 일반적으로는 예배의 마지막 순서로 성직자가 예배에 참여한 성도들을 축복하며 선포하는 기도를 가리키는 것입니다. '강복'이라고도 합니다.

할렐루야

　히브리어로 '하나님을 찬양하라.'는 뜻입니다. 시편의 시인들이 하나님을 찬양하는 일에 모두를 초대하기 위해 사용하였으며, 기쁨을 표현하는 말로 사용됩니다. 교회에서 공공의 모임 가운데 혹은 인사말로 사용하기도 합니다. 그리스도인은 하나님을 찬양하는 백성입니다.